dtv

»Schöne Tage« – das wünscht man sich und anderen. Manche schönen Tage scheinen vorprogrammiert: Hochzeiten, Geburtstage, Jubiläen und natürlich der Urlaub. Doch die Anlässe allein sind nicht immer ein Garant für eine gelungene Zeit. Der eine oder andere Wermutstropfen kann immer dabei sein. Vielmehr sind es oft die unauffälligen Stunden, die Glück und Zufriedenheit ausmachen, die besondere Begegnungen und Überraschungen mit sich bringen und vielleicht sogar dem Leben eine neue Wende geben. Einige dieser Augenblicke sind eingefangen in den hier versammelten Erzählungen von Marlen Haushofer, Heimito von Doderer, Christa Wolf, Herbert Rosendorfer, Barbara Frischmuth, Madison Smartt Bell, Margriet de Moor, Franz Hohler, Marie Luise Kaschnitz, Siegfried Lenz, Hanna Johansen, Roland Koch, Isabella Nadolny und Peter Härtling.

Viele schöne Tage

Ein Lesebuch

Zusammengestellt von
Helga Dick und Lutz-W. Wolff

dtv

Ausführliche Informationen über
unsere Autoren und Bücher
www.dtv.de

Neuausgabe 2013
5. Auflage 2016
Veröffentlicht 1997 bei
dtv Verlagsgesellschaft mbH & Co. KG, München
Alle Rechte vorbehalten
(siehe Quellenhinweise S. 229 ff.)
Umschlagkonzept: Balk & Brumshagen
Umschlagbild: Wildes Blut, Atelier für Gestaltung,
Stephanie Weischer unter
Verwendung eines Fotos von plainpicture/Arcangel
Gesetzt aus der Garamond 12/14·
Gesamtherstellung: Druckerei C.H.Beck, Nördlingen
Gedruckt auf säurefreiem, chlorfrei gebleichtem Papier
Printed in Germany · ISBN 978-3-423-25331-4

Inhalt

MARLEN HAUSHOFER:
Für eine vergeßliche Zwillingsschwester . 7
HEIMITO VON DODERER:
Divertimento No V 16
CHRISTA WOLF:
Dienstag, der 27. September 40
HERBERT ROSENDORFER:
Eine Begegnung im Park 63
BARBARA FRISCHMUTH: Posaune im Ohr . . . 73
MADISON SMARTT BELL: Irene 81
MARGRIET DE MOOR: Jennifer Winkelman . 109
FRANZ HOHLER: Die Fotografie 134
MARIE LUISE KASCHNITZ:
Schmetterling auf meiner Hand 141
SIEGFRIED LENZ: Ein geretteter Abend 143
HANNA JOHANSEN: Puschkin singen 154
ROLAND KOCH: Die schöne Bäckerin 165
ISABELLA NADOLNY: Der schönste Tag 175
PETER HÄRTLING:
Der fünfundsechzigste Geburtstag 206

Die Autoren 229

MARLEN HAUSHOFER

Für eine vergeßliche Zwillingsschwester

Heute morgen sind die Veilchen aufgeblüht. Schon gestern war ein ganz besonders schöner Tag. Eine leise, zitternde Erregung lag in der Luft, wie immer vor einem großen Ereignis.

Auf der Linde vor dem Fenster saßen drei Vögel. Der erste schnalzte laut und satt gggggggu, der zweite klagte gigigigogo, immer langsam anschwellend, dann abfallend und leise schluchzend.

Weshalb schluchzt ein Vogel im April? Wir werden es nie erfahren und können uns nur ungewissen Vermutungen hingeben. Vielleicht hatte ihn die milde Abendluft aus dem Häuschen gebracht oder der Anblick des zartblauen Himmels.

Als er auf dem Höhepunkt angelangt war und seine winzige Vogelseele sich beinahe aus dem Federbällchen von Leib geweint hatte, erhob in der höchsten Krone der Linde der dritte Vogel seine Stimme.

Zieh! sagte er, und noch einmal: Zieh!

Es klang ein bißchen strenge und doch begütigend, gerade, als ob er sagen wollte: Um des

Himmels willen, regen Sie sich nicht auf, es ist Ihrer Gesundheit nicht zuträglich!

Sogleich ließ das klägliche Schluchzen nach, noch ein Stoßseufzer, gigi, gigiggo, und der Vogel hatte sich in den Schlaf geweint.

Der Himmel zerfloß in Blaugrau, und silbrige Dunstschleier stiegen von den Weiden auf. Beruhigt schloß ich das Fenster.

Gestern abend hätte ich also schon ahnen können, daß etwas Großes bevorstand. Aber ich bitte dich, wer hat in diesem sonderbaren Leben schon Zeit, an die wichtigen Dinge zu denken. Ein Besucher kam und schwatzte dies und jenes und erfüllte mein Zimmer mit dem blauen Rauch seiner Zigarre, bis ich vergaß, daß vor dem hohen Fenster der Frühling schlummerte.

Und heute früh ist es also geschehen.

Ich stand vor dem Herd und rührte in der Milch, als der Morgenwind die ersten zaghaften Duftwellen zum offenen Fenster hereintrug. Und wie jedes Jahr, wenn die Veilchen aufblühen, mußte ich für einen Herzschlag lang die Augen schließen.

Da war aber auch schon das Unglück geschehen, die kochende Milch lief zischend über die Platte und tropfte in meine Schuhe. Es war ein unangenehmes Erwachen.

Ich höre dich lachen, hell und ein bißchen spöttisch. Du hast mir ja erst vor einer Woche erklärt, daß du dich kaum an unsere Kindheit erinnern könntest.

»Wenn man in der Welt herumkommt und vieles erlebt, vergißt man diese alten Geschichten«, hast du mit einer geringschätzigen Handbewegung gesagt.

Mit einemmal war dein Gesicht unter dem modernen Hutungetüm wie weggewischt, und ein anderes tauchte dafür auf.

Zuerst verschwommen, dann immer klarer, das runde, großäugige Gesicht eines fünfjährigen Mädchens. Dein vergessenes Kindergesicht.

Ich sah dich auf der alten Holztreppe sitzen. Die ersten Sonnenstrahlen nach einem langen, grauen Winter lassen das bräunliche Geländer aufleuchten, und du stehst und starrst verzückt in das Wunder.

Sie ist also wirklich wiedergekommen, die Sonne, die großen Leute haben nicht gelogen!

Sie nimmt eine Handvoll goldener Stäubchen und wirft sie durch das Fenster auf die Stiege, auch auf deinem Krauskopf bleiben sie hängen wie ein zitternder Schleier.

In diesem Winter war dein Haar so stark gewachsen, daß Mutter winzige Zöpfchen daraus flocht, die dir waagrecht von den Schläfen abstanden und an denen zwei große rosa Schleifen prangten. Mein Haar lag noch in kurzen gelben Ringeln um den Kopf, und ich bewunderte dich maßlos, aber ohne jede Spur von Neid.

Die Sonne blieb mit jedem Tag ein bißchen länger.

Eines Tages zog man uns lange Jacken aus grauer Schafwolle an, darunter wippten lustig unsere grellroten Barchentröckchen. So ausgerüstet stapften wir in unseren viel zu großen Schuhen in den feuchten Märztag hinaus.

Die Schneeluft wehte vom Berg, und wir faßten uns fest an den Händen. Ich sah deine nackten, kleinen Ohren erglühen, aber du bohrtest das kleine, mutige Gesicht keck in den kalten Wind.

Unser erster Weg führte zum Bach.

Die Wiese lag feucht wie ein riesiger Schwamm vor uns. Bei jedem Schritt gluckste es laut unter der Decke aus vergilbtem Gras. Manchmal sanken wir bis zu den Knöcheln in die quellende Feuchtigkeit.

Aber am Rand des Baches leuchtete es schon frisch und grün. Die junge Brunnenkresse!

Wir zupften die winzigen Blättchen ab und zerbissen sie neugierig. Scharf schmeckten sie und ein wenig bitter, und wir wußten nie genau, ob wir sie eigentlich mochten oder nicht. Aber das tat auch nichts zur Sache.

Zu Ostern würden sie als grüne Rosette unter den halbierten Eiern liegen und mit den gelben Dottern um die Wette leuchten.

Die Butterblumen hatten noch feste grüne Knospen, aber ihre breiten Blätter standen schon fett und glänzend über dem braunen Gras.

Und wie hatte sich der Bach verändert!

Klein und murmelnd war er im Herbst dahingeeilt, glasklar bis auf den bräunlichgrünen Grund.

Heute schoß er wild und eilig daher. Weiße Schaumfetzen tanzten auf seinem Rücken, und übermütig spritzte er ein paar große Flocken auf unsere Jacke.

Wir lachten nur dazu. Das Wasser rann an der harten, drahtigen Wolle ab, und wenn wir später in die Küche kamen, wurden unsere Jacken über den Herd gehängt, dort dampften sie wie die grauen Felle unserer Schafe nach einem Gewitterregen.

Wenige Tage später öffnete das Schneeglöckchen seine Blütenblätter.

Ganz allein stand es neben dem grauen, morschen Wasserleitungsrohr und ließ seine schmalen grünen Blätter im Winde wippen. Es war das einzige Schneeglöckchen in weitem Umkreis. Jedes Jahr bewunderten wir sein gelbes Herz und freuten uns über die zartgrünen Spitzen seiner weißen Blütenblätter.

Eigentlich hättest du es nicht vergessen dürfen! Später kletterten wir dann auf den riesigen Stein, der hinter der Scheune lag, gerade unter dem Hollerstrauch.

Wir wollten sehen, ob das Moos auch schon grün und saftig wuchs.

Wie ein gelbbrauner Pilz stand es noch struppig auf dem grauen, zerbröckelnden Gestein, aber wenn man sehr genau hinsah, konnte man sehen, wie es sich leise zu färben begann. Noch drei Wochen mit Regen und Sonnenschein, und es würde als sattgrüner Polster in unseren Osternestern liegen.

Weißt du noch, wie die roten und gelben Eier darin versanken?

Und doch willst du dich nicht mehr erinnern an den alten Moosstein.

Du, die du sein Liebling warst und das winterblasse Gesichtchen in seinen alten Pelz vergraben hast.

Ich fürchte, du willst dich nur nicht erinnern.

Vielleicht ist er in den Jahren, in denen du draußen in der Welt so rasch und leicht dahingelebt hast, manchmal in deinen Träumen vor dir aus der Dunkelheit gewachsen.

Stumm, grau und uralt.

Ein Ding, das sich nicht von schmalen Armen aufheben läßt und das nichts kann, als grünes Moos für Osternester spenden. Man kann ihm nicht verbieten, sich auf unseren Traumwegen vor unsere eiligen Füße zu legen, nein, das kann man nicht, aber man kann es an den langen, lauten Tagen vergessen.

Und die Wiese wurde immer grüner.

Längst schon leuchtete vom Waldrand ein Saum von blauen Leberblümchen. Die Dotterblumen am Bach hatten ihre Knospen gesprengt und prahlten mit ihren leuchtenden Blüten.

Und im Gehölz versteckten sich Hansel und Gretel.

Immer eine Dolde blauer und roter Blüten auf einem Stamm.

Wir wagten nie, sie zu pflücken, sie erschienen uns immer ein bißchen geheimnisvoll.

Später lernten wir in der Schule ihren richtigen Namen: »Lungenkraut«. Was für ein häßliches Wort! Wir sahen einander in die Augen und lächelten. Wir wußten es ja viel besser!

Noch immer stehen Hansel und Gretel in rotem und blauem Röckchen im Gehölz, zaghaft und scheu, wie es sich für verirrte Kinder gehört. Der Nachtwind trägt den Duft des wilden Seidelbastes durch die Büsche, und die Blumenkinder neigen die Köpfchen zueinander und träumen von einem tiefen, tiefen Tannenwald und einem großen, gelben Mond, der die Spur aus weißen Kieselsteinen aufleuchten läßt.

Und wer könnte den kleinen Wiesenfleck vergessen, besät mit weißen und blauen Krokussen?

Ich sehe dich mitten in der Wiese stehen, beide Hände voll Blüten, das Gesicht mit nasser Erde beschmiert und die Zöpfchen halb gelöst.

Deine roten Maschen lagen im Graben, aber am Abend standen die Blumen in einer angeschlagenen Schale auf dem Tisch, Krokus, Buschwindröschen und ein Zweig mit silbernen Weidenkätzchen, den du mit den Zähnen vom Strauch genagt hast, denn es gibt nichts Zäheres als Weidenzweige.

Die ganze Familie starrte dich mißbilligend an, aber du saßest ungerührt vor deiner Milchsuppe. Die Zöpfchen standen trotzig von den Schläfen ab wie die Hörner eines Böckleins, rötliche Tränenspuren zogen über deine Wangen, und wenn man genau hinsah, konnte man den Abdruck von Mutters schlagfertiger Hand sehen.

Ich kann ja verstehen, daß du die Unzahl deiner verlorenen Haarmaschen vergessen hast, die Erinnerung daran ist zu peinlich. Der Wind hat sie wie riesige Schmetterlinge über die Wiese getragen. Im Tümpel schwammen sie, rot, blau und gelb, und auf den Apfelbäumen hingen sie, verblaßt und windzerzaust.

Vögel und Mäuse mögen sie in ihre Nester geschleppt haben, die knisternden Seidendinger.

Und wer dich heute ansieht, möchte kaum glauben, daß du einmal riesige Maschen auf winzigen Zöpfchen getragen hast. An alle diese Dinge willst du dich nicht mehr erinnern, aber die Veilchen darfst du nicht vergessen haben.

Dort, wo die Wiese in einem steilen Hang zum

Bach fällt und die Sonnenstrahlen am längsten liegen, blühen sie zuerst. Wenn man unter der großen Haselstaude mit den gelben Würstchen spielte, trug der Wind ihren Duft in warmen, kleinen Wellen über die Wiese. Sehr genau mußte man schauen, um sie unter den grünen Blättern zu entdecken. Ihr tiefes Violett ließ den lichten Aprilhimmel blaß und ausgewaschen erscheinen.

Viele Leute glauben, wenn sie sich einen Veilchenstrauß ins Zimmer stellen, den ganzen Frühling eingefangen zu haben. Die Armen kennen nur den traurigen Geruch sterbender Blumen.

Du mußt unter den Haselstauden liegen und nichts spüren als die Frühlingssonne auf deinem Gesicht und das Moos unter deinen Händen.

Dann öffnet sich die Erde und ihr warmer Hauch steigt auf. Dein Herz beginnt schneller zu schlagen, und Tränen sickern durch deine geschlossenen Lider.

Das ist der Veilchenduft, ich kann nicht glauben, daß du ihn vergessen hast.

Heimito von Doderer

Divertimento No V

Herrn Walter Stoerk gewidmet

I

Und umgibt uns gleich die Welt in ihrem Grunde immer stillwartend und klar wie Glas: wir behauchen doch stets den Spiegel und trüben ihn und zeichnen mit der Fingerspitze viel Figuren, Strich und Kreis, und haben zudem noch – es lacht die Hölle! – unsern Blick immer sehr ernsthaft auf diesen zeichnenden Finger gerichtet.

Und so verkrusten wir uns manches gleich im Vordergrunde, daß es nun ganz und gar undurchsichtig wird, und wir schwimmen obenauf mit all unseren vielen Angelegenheiten, wie eine Decke von gefallenen und zusammengetriebenen Herbstblättern über der Tiefe des Weihers schwimmt. Selten genug schenkt sich uns plötzlich – als befremdlicher Gast und doch aus dem Herzen warm anklingend begrüßt – ein erlösterer Augenblick, ein gelöster Blick über Dächer und Bäume, oder auf ein besonntes altbraunes Möbelstück des Abends – das rückt uns nach dahinten, woher alle Kraft und Ruhe der Welt kommt, und es weht uns befreiend an; da sehen wir denn auch gleich, was uns da vorne zwickt und bedrückt, nicht so aufgequollen mehr mit verzerrter Optik; und so treiben und richten wir's auch besser, wir haben ein Stückchen mitbekommen aus der Stille, das nährt uns kräftig. Besser, laß los, hast du dich verwirrt, laß los und liege und atme – aber wer vermag denn das? Nein, wir zappeln im Netz.

So rennen wir vorbei, vielfach ohne zu müssen: am geöffneten Herbsttag, an der Stille im Zimmer, ja selbst an unserer höchsteigenen freien Zeit...

Sieh da, wie sonderbar befremdlich sich heut' die Häuser schachteln, ein Abendlicht wie dies ist selten, und hundert Kleinigkeiten stehen gleichermaßen sauber da, wie auf alten Bildern: Dach und Türmchen, ferne Kanten, nahes Parkgebüsch und der Laden des Barbiers dort drüben: einen Augenblick lang scheint es hier in aller Stille und Bescheidenheit fast mehr Neues zu geben wie auf der ganzen letzten unbequemen Urlaubsreise...

Da erkennt einer mit Unmut, daß er nun also aufgewacht und daß der Morgen da ist – aber kein glatter Tag liegt voraus. Widerhaarigkeiten winken gleich beim Erwachen. Indessen, einmal muß man doch hoch und heraus – da hatte aber Georg auf einen kürzlich zugezogenen Schnitt in der mittleren Zehe links vergessen und so trat er, wie um sich für diesen Tag einen Schwung zu geben, einmal ganz unbefangen kräftig auf; böse war das. Am geöffneten Fenster küßte ihn aus dem Hof herauf ein leiser Geruch von Essig – gerade Essig aber konnte er nicht ausstehen, es war ihm das ganz besonders widerwärtig. Nun gut, er warf das Fenster zu und humpelte zum Waschtisch.

Dann aber hieß es doch ein letztes Mal nach diesen Perlen suchen, nach diesen unglückseligen Perlen, die man ihm da aufgehängt hatte: und nun waren sie weg, fort, verschwunden. Die Haushälterin? Na – nein! Er suchte: nirgends. Also doch auf dem Weg zum Juwelier: hätte er sich nur die Zeit genommen, das Ding damals auch wirklich gleich hinzutragen und zum Ändern abzugeben – so war etwas dazwischen gekommen, er hatte die Perlen bei sich behalten und eigentlich ganz vergessen ... wie nur? Hatte er sie nach Hause gebracht, dann am Abend? Kein Erinnern möglich! Also doch vielleicht auf der Straße! Die Perlen der Frau Gerda Tangl, die Perlen dieser alten Fregatte, nicht viele, nicht sehr wertvolle, aber immerhin, er hatte es übernommen gehabt, die gewünschte Änderung machen zu lassen, das zu besorgen –!

Teufel auch! Und nun zu Tangl hinaufgehen, zu ihr und zu dem Alten, eine wichtige, dringende Sache ... diese Tochter, mit allem kam sie auch zu ihm! Vor zwei Jahren hatte er für ihre Scheidung von Elsholz intervenieren müssen bei den Eltern, und nun sollte er dieser schönen Frau wieder einmal den Weg bahnen, den Weg in eine neue und dritte Ehe, mit einem Jüngling, welcher dem ehrbaren Simon Tangl sicher ebenso unwillkommen sein mußte wie der Fregatte – na! Das kam alles davon, wenn man als Junggeselle intimer Freund einer größeren Familie war, dann machte man sozusagen das ganze Familienleben mit! Wer sich in Familie begibt, der kommt darin um. Aber hinaufgehn hieß es doch, und zwar bald, er hatte es versprochen ... Ja, mehr noch, es mußte noch sein Vetter eigens darauf aufmerksam gemacht werden, bei Tangl oben nichts Ungünstiges über den neuen Bewerber zu äußern, im Gegenteil – ja, nichts Ungünstiges! Das hatte seine Wege! Man mußte diesen Vetter nur einmal gehört haben, in welchen Tönen er über den Baron Klemm zu schimpfen pflegte, nein, er war ihm nicht grün, aus irgendeinem Grunde.

Und mit alledem hing noch die Frage des Wohnungstausches für Georg zusammen: der in Betracht kommende Partner war niemand anderer als ein Verwandter jener Frau Elsholz, Doktor

Polt. Dies wäre gut, man würde nicht mehr zu suchen brauchen (was Georg gar nicht richtig betrieb, sondern stets verschob), man würde die Sache doch noch vor Anbruch des nächsten Quartals perfekt machen können.

Wenn doch dieser Doktor Polt gleich mit den Möbeln tauschen wollt'! Ach, wie erlösend und herrlich wäre das! Keine große Übersiedlung, keine Möbelwagen, keine Kerle, die nach Wein riechen, wie die Raben stehlen und die Ecken an den Möbelstücken abschlagen! Und vor allem: nie mehr diese schauderhafte Garnitur sehen müssen, diese unglückselige Erbschaft nach einer alten Tante, eine Erbschaft, die ihm zugestoßen war, als er sich eben einrichten wollte, knapp bei Geld – natürlich hatte er zugegriffen: und nun war dies schon fast so widerwärtig wie der Essiggeruch dort aus dem Hof; es drückte förmlich; es war öde, es stand fünfzehn Jahre jetzt um ihn herum; es war ein grauenhaftes Produkt der Zeit um 1870 und er konnte Butzenscheiben einmal »partout nicht« vertragen ...

Nun – zu Tangl hinaufgehen, wo man ihn nach diesen gottverdammten Perlen fragen würde ... Sollte er's eingestehen!? Ersatz antragen (o weh)? Jedenfalls war das ein schlechter Vor- oder Nachtrab im Hinblick auf die zu erledigende Mission für Fanny Elsholz – nein, heute wollte er noch ein letztes Mal aufs Fundbüro fragen gehen;

dann aber gab es keinen Aufschub mehr – seit acht Tagen zog er es nun hin, was sollte Fanny denken, die dringend auf den Erfolg seiner Intervention wartete. . . . Ach, Teufel! Er selbst wollte ja auch etwas von den Leuten: er wollte sie bitten, ihm die Sache mit dem Doktor Polt, dem Neffen der Frau Tangl, zu vermitteln . . .! Nein, da war es wohl besser, sich an den Herrn gleich selbst brieflich zu wenden.

Das tat Georg jetzt und steckte das Kuvert ein: das Schreiben hatte ihm genug lästige Mühe gemacht, seine Hände waren fahrig und zappelig. – Nun hieß es zusehen fortzukommen, höchste Zeit zum Büro. Er strich für heute das Rasieren. Rasch, Tempo! Ach Gott ja, da mußte er eben dann nach Büroschluß auf die Annoncenexpedition . . . ob er da noch zum Fundbüro vor Schluß der Amtsstunden zurecht kommen konnte?! Na – aber die Antworten wegen des Wohnungstausches mußten endlich abgeholt werden, das Einrücken dieser Anzeige war ohnehin seine einzige Unternehmung in dem Belange gewesen! – Dieses Badezimmer, dieser teure Spaß, warum hatte er die Installation auch voriges Jahr noch machen lassen! – und nun ausziehen!? Ja, ausziehen, ganz unbedingt. Es roch erstens nach Essig, zweitens dieser Hof überhaupt, drittens wollte er ins Villenviertel, viertens die Möbel – ja nun, die Möbel, die mußte er wohl ins neue Quartier mitnehmen...

Er wurde wirklich wirr, es war eine rechte Elendstimmung, noch dazu schmerzte der Fuß schon nach den wenigen Schritten gegen den Ausgang zu.

Als er die Tür öffnen wollte, läutete es eben: da standen drei Herren, hinter ihnen der Hausbesorger; sie seien vom Stadtbauamt, sagten sie, das Haus müsse kommissionell untersucht werden, wegen sicherheitsbedenklicher Schäden, sie müßten speziell um Zutritt in alle Wohnungen des zweiten Stockwerkes ersuchen –.

Ja, also! (Auch das noch, die hatten ihm gerade noch gefehlt!) Er bat, in zwanzig Minuten zu kommen, da würde die Bedienerin von einem Gang zurück sein, diese hätte Schlüssel, er müsse jetzt fort – und weg war er. – Was? Schäden, Stadtbauamt?! Nette Aussichten für den Wohnungstausch! – Unangenehm war das, so unrasiert zu sein...

Wie aufgequollen schien ihm dies alles, wund gerieben und verschwollen, ein Vordergrund, der zusammenwuchs, sich zusammenschloß, der die Optik verzerrte und sich als trennende Schicht zwischen ihn und diesen frischen, schon herbstsonnigen Morgen schob. Aber er konnte dem nicht frei entweichen, hielt es vielmehr klammernd als sein Eigen. Er begann immer wieder aufzuzählen, zu überlegen, aber damit konnte er's nicht glatt kriegen, es stachelte widerhaarig gegeneinander...

Im Büro gottlob nicht viel los, aber das Sitzen allein war heute schon eine Qual. Er raffte sich aber zusammen. Ordnung muß sein! Nun sollte einmal aufgeräumt werden mit diesen ganzen quälenden ärgerlichen Kleinigkeiten! Er beschloß, die Sache systematisch und ruhig zu machen, sozusagen Überblick zu nehmen, und fertigte also den folgenden kleinen Zettel an:

1. Zehe (es hieß ja zum Arzt gehen!).
2. Perlen.
3. Badeofen (mit diesem Schlagwort meinte er seine ganze Wohnungsangelegenheit).
4. Heiratsvermittlung.
5. Baufälligkeit. –

Sonderbare Zusammenstellung – dachte er beim Überlesen, wandte sich aber mit dem Gefühl einer gewissen Klärung der Sachlage wieder zu seiner Büroarbeit.

Dabei stellte sich an der Kasse ein Fehlbetrag von 300 Schilling heraus. Offenbar ein Rechenfehler. Er suchte diesen Rechenfehler. Er fand nichts. Alles stimmte. Kopf oben behalten, dachte er, nahm den Zettel und schrieb:

6. Irrtum,
und überlas das Ganze:
1. Zehe

2. Perlen
3. Badeofen
4. Heiratsvermittlung
5. Baufälligkeit
6. Irrtum.

Blödsinn! schnauzte er ingrimmig in sich hinein, knüllte den Zettel zusammen und schleuderte ihn in den Papierkorb; behielt aber den roten Kopf keineswegs oben, vielmehr tief gebeugt bei der Jagd nach dem Rechenfehler, die mit Unterbrechungen fast bis zum Büroschluß dauerte.

Jetzt aber rasch, zur Annoncenexpedition ... hier mußte man natürlich warten. Als er einige lächerliche Anträge durchgelesen und weggeworfen hatte, sah er beim Heraustreten gerade dort drüben am andern Gehsteig Frau Elsholz vor einem Schaufenster stehen. Georg zog sich schleunigst zurück. Er wartete, sah dann wieder hinaus: sie stand noch dort. Nein, er wollte es unter keinen Umständen riskieren, die Straße zu kreuzen! Sie würde ihn gewiß sehen, gleich auf ihn lossteuern, fragen – nein, um keinen Preis! Er blieb, wurde wütend, heiß vor Ärger – endlich setzte sich Frau Fanny in Bewegung, verschwand. »Dumme Gans«, schimpfte er leise. Nun hieß es zum Fundbüro eilen! Rasch! Da, ach so, ein Automobil – zurück, nein, besser vor – halt! Achtung! Da kann man ja noch überfahren werden! Also – na, mich erwischt es – *so* ist das also, wenn man überfahren wird! – Der Autobus wuchs plötzlich zur Riesengröße, aus nächster Nähe von vorne gesehen: ihm war nicht mehr zu entkommen gewesen – au weh! Verdammt, das Bein!

Ein Ring von Menschen, eigentlich von Beinen, rund um ihn, zum ersten Male sah er den Asphalt der Straße aus solcher Nähe, nämlich liegend. Tragbahre. Dann kam der Ambulanzwagen. Wie wird das werden, ich muß doch!? – Das dachte er noch, aber mit einem Male wurde es in ihm gleichgültig.

2

Das Zimmer im Spital, weiß und hell, lag hoch, man sah über die Bäume des Gartens und ein paar anliegende Dächer hinweg und so auf einen Teil der tiefer hinabziehenden Stadtmasse. Georg lag im Bett mit seinem Gipsverband, das Gesicht gegen die Aussicht gekehrt. Auf das Tischchen daneben hatte die Krankenschwester einen Brief gelegt, den man in der Rocktasche des Patienten gefunden hatte: es war das Schreiben an Doktor Polt. Georg beachtete es nicht weiter – nein! Es machte ihm keinen Eindruck, daß er vergessen hatte, diesen Brief in den Kasten zu werfen ... was war nicht sonst alles unerledigt und in Unordnung! Er aber fühlte sich wohl und geborgen und aller Lästigkeiten enthoben. Er hatte nur an die Direktion seiner Firma geschrieben, den Unfall mitgeteilt und ersucht, eine bestimmte geeignete Persönlichkeit unter den höheren Angestellten mit seinen Agenden vertretungsweise zu betrauen. Seine Bedienerin hatte er wohl auch verständigt, dabei ihr aber mit Absicht nicht mitgeteilt, wo er sich eigentlich befand. Sie erhielt nur die Weisung, sein Quartier sauber zu halten, Briefe zu sammeln und auf den Schreibtisch zu legen...

Ja, so konnte man schwerlich ihn aufstöbern: er war seiner guten Ruhe jetzt gewiß.

Geruhige Stunden kommen trotz zeitweiser Schmerzen, ein gelöster Blick über Dächer und Bäume oder auf das abendlich besonnte Kreuz des Fensters: ein durchleuchteter Augenblick – als befremdlicher Gast und doch aus dem Herzen warm anklingend begrüßt: das rückt uns nach dahinten, woher alle Kraft und Ruhe der Welt kommt, befreiend weht uns das an...

Aus dem Halbschlaf kommend, bring' ich ein Stück Wahrheit mit herauf, in handfesten Bildern standen noch eben Wunsch, Angst und Begier gegeneinander – schon verblaßt es. Der Morgen?... Guten Morgen! Es ist aber Abendsonne und still. Dort leuchten einzelne Blätter absonderlich stark hervor... Die Mädchen saßen am

Klavier vor der Firmung und waren etwas feierlich an diesem Tage und spielten brav vierhändig, schon in den weißen Kleidchen, durch eine Hülle reiner Erwartung geschützt vor Störung und den Späßen der Knaben ... Sanfter Durchblick durch Grün-Gassen des Gartens! ... Mir träumte oft von einem viel merkwürdigeren und schöneren Naturgeschichtsbuch, als jenes war, das ich hatte, es war eine andere Natur, sehr köstlich, neue Gestalt und viele Farben; wenn aber die Schornsteine an den Häusern gegenüber rot im Abendschein standen, da unterbrach ich das Spiel und alle Spielsachen wurden grau in der Dämmerung...

Hände gehen vorüber, diesmal Hände der Krankenschwester, immer ist's etwas und geht vorüber, vielleicht auch immer dasselbe.

Und Freunde, in Nähe und Weite: in fernen Jahren dahinten noch bewegen sich Frauen, weiß leuchten ihre Lenden.

Und kaum beschaut und besonnt und besonnen: dahin! Welche Lichtflucht!

Süß der Herbst, der Obstgeschmack, leise seufzt die Weinpresse unter den Arkaden; und die Blätter sammeln sich in bunten Haufen, zusammengeweht und weggenommen aus den Gärten und Hügeln, die durchsichtiger geworden sind: große Stücke blauen Himmels haben wir dazugewonnen, allüberall scheint er herein, flutet, baut hoch auf, flieht über fernen Wäldern. – Die Uhr tickt lauter im leeren Hause. – Leise Trauer in uns wird verwischt vom hohen Jubel der Farben, es flammt die Welt vor allen Fenstern! – – Frühlinge und Herbste, wo war ich, warum nicht tiefer eingetaucht, mitsteigend, mitsinkend – nein, es war zu viel Herrlichkeit geboten, und so nahm man nichts an und versäumte alles. – Still wandern die Wälder in Reife und Ferne. –

Nicht Mädchen und Frau: nein, der Himmel dahinter, oder höchstens hätte es das wehende Kleid sein dürfen! Nicht Ausflug ins Grüne und Ziel: nein, die Ferne dahinter, oder höchstens hätte es sonngoldiges Laub am Wege sein dürfen. Nicht Meinung und Gegenrede: nein, der arme Mensch dahinter, oder höchstens hätte es ein Tonfall sein dürfen. O Zartheit und Stille, und doch stark wie ein Sprungtuch, werf' ich mich nur vertrauensvoll da hinein!

Enge Kopfschale ... ganze Länder kommen in die Abendsonne, eins nach dem andern, und die Glocken läuten: da ist schon das Meer, rollt sich breit auf und auseinander. Wo bin ich denn noch?! O langer Wellengang, von den Dünen weg geht's mit dem Wind, o Breite:

> In freundlichen Chören die Landschaft
>   sich hebet,
> rein atmet die Brust: nun endlich gelebet.

3

Nachdem Georg hinweggeeilt war, blieben die Herren vom Stadtbauamt (jene Kommission, welche die Baufälligkeit des Hauses hätte untersuchen sollen und Zutritt in die Wohnungen des zweiten Stockwerks verlangt hatte!) – diese Herren blieben also vor der zugeschlagenen Türe stehen, zusammen mit dem Hausbesorger. Der eine von ihnen zog einen Dienstzettel hervor und sah nach: »Ja, meine Herren, da stimmt etwas nicht – sehen Sie nur, Nummer 7 soll das heißen, das ist aber nichtsnutzig schlecht geschrieben –.« Jetzt begann sich der Hausbesorger zu interessieren – kurz: sie hatten auf dem Zettel die Nummer verlesen und waren in ein falsches Haus geraten. Sie entfernten sich.

Nach einer halben Stunde kam die Bedienerin. Sie fegte, staubte ab, putzte den Überzieher des Herrn aus, um ihn einzuhängen, denn Georg hatte schon vor einigen Tagen den wärmeren Mantel hervorgenommen, es ging in den Herbst. »Jesus Maria – na so was!« rief sie, als sie in der Brusttasche das Etui mit den Perlen fand. Sie sperrte das Ding gleich ein. Dann klingelte es, und zugleich mit dem Briefträger kam ein Herr, der sich Doktor Polt nannte (er war wegen der Perlen im Auftrage seiner Tante, der Frau Tangl, gekommen, die sich plötzlich entschlossen hatte, die beabsichtigte Änderung doch nicht vornehmen zu lassen). Dieser Doktor Polt war sehr freundlich, bedauerte, Herrn Georg vor dessen Weggang nicht mehr erreicht zu haben. Er hätte keine andere Zeit gefunden, leider, er sei auch in Eile. Indessen schien er sich noch genug Zeit zu nehmen, Georgs kleine Wohnung bei dieser Gelegenheit ziemlich eingehend zu besichtigen, die alte Vettel bekam Trinkgeld; auch das Badezimmer wurde betrachtet und hier schien der Herr besonders entzückt zu sein: »Genau wie bei mir!« sagte er mehrmals vor sich hin. Er fragte die Bedienerin freilich nicht nach den Perlen. Nun ging er. Sie ordnete die Briefe auf dem Schreibtisch. Es waren mehrere Briefe.

Man wird zugeben, daß wir berechtigt sind, den Inhalt von Georgs Korrespondenzen zu kennen, ja gegebenenfalls den Zuhörern daraus Mitteilung zu machen?! Gewiß! Da war also ein Brief von Frau Fanny Elsholz:

»Lieber Georg, bestes Schorscherl, ich schreibe Dir zu spät vielleicht schon, hoffentlich nicht, aber es ist sehr wichtig. Dieser Klemm ist natürlich erledigt bei mir, überhaupt, ach wenn ich Dir das alles erzählen könnte, mein ganzes Leben hat sich gedreht, weiteres mündlich. Nur das eine: unternimm also nichts in dieser Sache bei meinen Eltern (der letzte Satz dreimal unterstrichen), mein Gott, wenn Du es schon getan hast, das wäre eigentlich schrecklich, sie verlieren noch jedes Vertrauen zu mir, einmal der und einmal ist es dann wieder jener, sage Deinem Vetter, er soll nur ruhig schimpfen über den Klemm, aber jetzt habe ich den richtigen, den wahren, den einzigen Menschen gefunden, ich bin so glücklich, ich kann Dir gar nicht sagen, Du mußt ihn kennenlernen! Weiteres mündlich. Ich reise bald nach Berlin und komme in vier Wochen wieder. Vielen Dank noch. – Deine Fanny.«

Im übrigen entdeckte der Kassier im Geschäft (Georg hatte, hinwegeilend, noch wegen des Fehlbetrags das ganze Büro gepeinigt und wiederholt versichert, ihm falle es natürlich nicht im entferntesten ein, Ersatz zu leisten – wozu ihn auch gegebenenfalls niemand angehalten hätte!) – der Kassier im Geschäft hatte also gleich am Nachmittage den betreffenden Schreibfehler entdeckt.

4

Georg hatte beschlossen, im Spital zu bleiben, bis er gänzlich ausgeheilt wäre, mochte das auch Geld kosten. Es kam eine Zeit, wo er im Garten saß und in die Sonne sah, schon einige Schritte machen konnte, und dann mehr und mehr: und eines Tages mußte er also doch scheiden, hinaus und zurück gehen, ja er ging schon recht gut, wenn auch noch (mehr aus bloßer Gewohnheit der letzten Zeit) mit einem Stock. –

Da war also seine Wohnung. Die Stunde neigte sich gegen den Abend, ein merkwürdig lauer Herbstabend. Er öffnete das Fenster (diesmal kam kein Geruch von Essig herein). Briefe lagen auf dem Schreibtische zu einem kleinen Stoß aufgeschichtet; er sah weg davon. Jetzt ging er zum Telephon: er schaltete es aus. Nein, er wollte hier nicht bleiben; er verließ das Haus, nahm ein Automobil und beschloß in irgendeinem Vorstadtgasthaus zu essen, wo er sonst nie hinkam. Im übrigen, was mochte schon sein oder werden: er fühlte im Grunde keine Zerfahrenheit wegen einer wartenden und bevorstehenden Wirrnis und Unordnung. Georg hatte eine schützende Schicht zwischen sich und alles um ihn herum bekommen, eine Schicht von neuer Frische war es: da konnte er sich also wieder bewegen in dieser Welt nach seinem Belieben, dahin gehen, dorthin gehen, sitzen oder stehen – ja, in solchem kleinen Spielraum für die Willkür lag schon ein feiner Genuß.

Am nächsten Morgen aber – er hatte beschlossen, diesen Tag noch daheim zu verbringen, jedenfalls noch nicht ins Büro zu gehen! – da wartete denn doch die Post auf ihn, am Ende mußte er auch das Telephon wieder einschalten. Er lag noch zu Bett, die Bedienerin war verständigt worden, da kam sie nun mit dem Frühstück auf einem Tablett – »Geben Sie mir die Post herüber«, sagte er, plötzlich ermutigt durch ihre Gegenwart. »Ja – was ist das?!« – Da brachte sie nun, mit vielen Worten, das Etui mit den Perlen. So, also im Überzieher ... er sah die Briefe an, nichts Neues oder Wichtiges; aber da gab es ein Schreiben von Fanny. –

Er flog es durch. Dann riß er mutig den letzten übrigen Brief auf: vom Doktor Polt kam der, lag schon lange hier; wegen der Perlen: wenn es irgendwie möglich wäre, den Juwelier noch rechtzeitig zu verständigen, daß die Änderung nicht mehr gewünscht werde ... er (Doktor Polt) hätte später noch einmal versucht, bei ihm vorzusprechen, leider aber – und nun gab es noch etwas in dem Brief: einen Vorschlag zum Wohnungstausch; freilich seien seine Möbel (so schrieb der Doktor) nicht so alt und hübsch wie die Georgs (er hätte die Freiheit genommen, das anzusehen), lauter neue glatte Sachen, wohl auch billiger – aber die gleichen Garnituren, und überdies: er hätte fast dieselbe Badezimmereinrichtung und ebenso neu! Nun, und wenn Georg das wollte, er würde gleich am liebsten samt dem Mobiliar tauschen, einen Überwert von Georgs Einrichtung gegebenenfalls ausgleichen, dies ließe sich ja durch Schätzung leicht ermitteln; wenn Georg nichts gegen das Villenviertel da draußen einzuwenden hätte, er selbst wäre jedenfalls gezwungen, nunmehr in der inneren Stadt Wohnung zu nehmen.

Georg nahm das Telephon, das beim Bett stand:

Er sprach mit Doktor Polt, teilte ihm mit, daß er eben den Juwelier telephonisch gesprochen und dabei erfahren hätte, die Perlen seien noch nicht in Arbeit genommen worden; dies sei also geordnet.

Ferner wegen des Tausches: wenn es dem Doktor belieben würde, wollte er hinauskommen, sich das ansehen –?

Ja, gern, heut nach Tisch etwa –?

Ja, dies wäre ihm ganz recht so, meinte Georg. Doktor Polt sagte, daß er auf jeden Fall entschlossen sei, er hätte ja alles bereits in Augenschein genommen, er wäre so frei gewesen...

Dann das Büro. Der Kassier! Ja freilich, ein kleiner Schreibfehler, am selben Nachmittag noch. –

Da kam die Bedienerin: ach, der Herr hat noch gar nicht gefrühstückt –?

Nein, aber den Tee soll sie frisch machen, er will viel guten starken heißen Tee! »Was war denn mit der Kommission da, wegen der Baufälligkeit

des Hauses, gerade damals –? So?! Ein Irrtum!« – Er dachte plötzlich an jenen Zettel, den er im Büro geschrieben hatte ...
1. Zehe
2. Perlen –
und so weiter. Plötzlich sprang Georg aus dem Bett, er gab sich förmlich einen Schwung, er sprang nahezu kräftig auf – aber der Fuß tat nicht weh! Er hob den Fuß und betrachtete ihn: der war offenbar in Ordnung; und, sieh da! Übrigens auch von dem Schnitt in der Zehe keine Spur mehr: restlos weggeheilt. Das hatte er gänzlich vergessen gehabt.

Da kam der Tee. – Er schlüpfte anstandshalber rasch wieder ins Bett.

So –! Die Zigaretten bitte! Nun also ... plötzlich wurde er dessen inne, daß er eigentlich gar nichts dazu getan hatte zu alledem: von selbst hatten die Dinge sich geordnet! Ja, wirklich. Er wollte es kaum glauben. Ein Ärger stieg in ihm hoch. Dieser Zettel ...
1. Zehe
2. Perlen –
und so weiter! Blödsinn! Nein, so etwas – merkwürdig war dies alles aber doch! Was steckte hier dahinter, was zeigte sich denn daraus eigentlich ...

Nicht einmal den Brief an Doktor Polt hatte er damals aufgegeben!

Er setzte sich verwundert im Bette auf. Das

Licht im Zimmer schien ein wenig gewechselt zu haben. Jetzt gab es Sonne. Eine Leere entstand in ihm. Er lief noch fort im alten Gleise, beschwert von vorhin: nun hieß es, dies alles sein lassen, es war ja – erledigt. Nun hieß es, das sein lassen, das schien nicht so leicht! Ganz Neues und Anderes also wartete, wollte nun an die Reihe kommen! Ja, es entstand eine kleine kurze Leere in ihm – – Einen Augenblick lang fühlte er das so: jetzt hieß es loslassen, willig die Hand öffnen, einen kleinen Besitz an Wichtigkeit fahren lassen, der keiner war, der sich als kindisch, als ein Nichts erwiesen hatte – und nun flink und demütig umschalten, schlicht umschalten, ohne Widerspruch und viel Getue: es schien nicht so leicht, wenngleich man in einen willkommen bequemen Weg einbog –!

Nach Tisch fuhr er zu Doktor Polt.

Es war weit draußen, es waren breite räumige Straßen mit herbstbraunen Bäumen, Himmel blaute überall durch. Das Haus lag zurück in Gärten – Georg hatte sich so dies und jenes vorgestellt: aber das wurde weit überboten. Eine Gartentreppe gab es auch, eigens für diese zwei Räume. Und das Badezimmer! Der Doktor lachte. Ja, es sei nicht übel, aber er sei leider gezwungen, jetzt in die innere Stadt zu übersiedeln, er danke Georg sehr für sein Entgegenkommen (Georg bemühte sich, seine Freude nicht allzu offen zu zeigen) – also man könnte die Sache ja noch in dieser Woche durchführen, noch vor dem Beginn des nächsten Zinsquartales: das hatte übrigens auch nichts auf sich, wie sich alsbald herausstellte, die Mietbeträge waren fast die gleichen. Georg mußte noch eine Tasse Mokka bei dem Doktor nehmen. Sie plauderten am Fenster und sahen in den Garten; da würde er also jeden Tag hinausschauen können: das Haus lag ziemlich hoch, man blickte über den Garten und dann über ein paar anliegende Gärten hinweg und so auf einen Teil der tiefer hinausziehenden Stadtmasse. – Ja, also abgemacht! Der Doktor begleitete ihn bis zur Gittertür gegen die Straße.

Im Gehen, als er so fröhlich befeuert seine Schritte machte, ja, da fiel ihm noch ein, wie günstig hier die Straßenbahnverbindung eigentlich war, kaum eine Viertelstunde bis in die innere Stadt. Aber er ging nicht gegen die Stadt zu, er wanderte etwas hinaus, es gab soviel gute Sonne. Ja! Georg »kannte sich also vor Profit nicht aus«, wie man zu sagen pflegt. Er begann immer wieder aufzuzählen, zu überlegen, stellte der Reihe nach fest, daß also nun wirklich alle Angelegenheiten in Ordnung gekommen wären, alles war geordnet. Dann dachte er wieder an die Übersiedlung. Dann freute er sich wieder.

Unter allem stand und sank der rote Herbst hier in den Alleen, süß wie Obstgeschmack die Luft, eine angelehnte Gartentüre seufzt im leichten Wind und die Blätter sammeln sich in bunten Haufen, zusammengeweht und weggenommen aus den Gärten und Hügeln, die durchsichtig geworden sind: große Stücke blauen Himmels sind allüberall dazugekommen, allüberall scheint er herein, baut hoch auf, flutet über fernen Wäldern.

Georg blieb stehen, sah da hinaus, aber sein Blick war ein wenig hastig, er genoß dies geruhsame Bild gar nicht recht. Er fühlte das wohl, er lehnte sich auf ... Etwas aufgequollen schien ihm dies alles, was ihn da beschäftigte, ein Vordergrund, der sich zusammenschloß, der die Optik störte und sich als trennende Schicht zwischen ihn und diesen herbstsonnigen Nachmittag schob. Aber er konnte dennoch nicht gleich frei entweichen, hielt es vielmehr an irgendeinem Zipfel noch klammernd fest, als sein Eigen.

Er wanderte zu, wanderte über den letzten aufgelösten Stadtrand hinaus: weit hinausgefallen und hügelan gestreut aber lagen noch Gärten, lagen noch weiße Häuser. Er zog langsam dazwischen hin, als erwartete er etwas davon, etwas Gewünschtes, etwas, das er suchte, etwas, das er vielleicht verloren hatte?

Sanfter Durchblick durch Grün-Gassen des Gartens! Georg stand wie von einer Erinnerung betroffen und bewegt und sah hinein ... er versank, und vergaß sich ein wenig: Frühlinge und Herbste, wo war ich, warum nicht tiefer eingetaucht, mitsteigend, mitsinkend – nein, es war zuviel Herrlichkeit geboten, und so nahm man nichts an und versäumte alles.

Still wandern die Wälder in Reife und Ferne. Nein, nein, nicht dies, nicht dies Einzelne. Nicht etwa Mädchen und Frau: nein, der Himmel dahinter, oder höchstens hätte es das wehende Kleid sein dürfen! Nicht der Weg hier heraus und das Ziel: nein, die Ferne dahinter, oder höchstens hätte es das herbstliche Laub am Wege sein dürfen! – nicht Erwägung und Überlegung: nein, der arme Mensch dahinter, und höchstens hätte es ein Lächeln sein dürfen über sich selbst. – O Zartheit und Stille, und doch stark wie ein Sprungtuch, werf' ich mich nur vertrauensvoll hinein!

> Liegt die Landschaft wie ein Lied,
> hingeworfen, hingesungen,
> sonnig, bleibend. Wir gehn weiter:
> Näh' und Ferne leuchten heiter,
> und bald sind wir müd.
>
> Roter Herbst und Baum im Winde.
> Was in dir einst war, im Kinde,
> schüchtern steht und blüht.

CHRISTA WOLF

Dienstag, der 27. September

Als erstes beim Erwachen der Gedanke: Der Tag wird wieder anders verlaufen als geplant. Ich werde mit Tinka wegen ihres schlimmen Fußes zum Arzt müssen. Draußen klappen Türen. Die Kinder sind schon im Gange.

G. schläft noch. Seine Stirn ist feucht, aber er hat kein Fieber mehr. Er scheint die Grippe überwunden zu haben. Im Kinderzimmer ist Leben. Tinka liest einer kleinen, dreckigen Puppe aus einem Bilderbuch vor: Die eine wollte sich seine Hände wärmen; die andere wollte sich seine Handschuh wärmen; die andere wollte Tee trinken. Aber keine Kohle gab's. Dummheit!

Sie wird morgen vier Jahre alt. Annette macht sich Sorgen, ob wir genug Kuchen backen werden. Sie rechnet mir vor, daß Tinka acht Kinder zum Kaffee eingeladen hat. Ich überwinde einen kleinen Schreck und schreibe einen Zettel für Annettes Lehrerin: Ich bitte, meine Tochter Annette morgen schon mittags nach Hause zu schikken. Sie soll mit ihrer kleinen Schwester Geburtstag feiern.

Während ich Brote fertigmache, versuche ich mich zu erinnern, wie ich den Tag, ehe Tinka geboren wurde, vor vier Jahren verbracht habe. Immer wieder bestürzt es mich, wie schnell und wie vieles man vergißt, wenn man nicht alles aufschreibt. Andererseits: *Alles* festzuhalten wäre nicht zu verwirklichen: man müßte aufhören zu leben. – Vor vier Jahren war es wohl wärmer, und ich war allein. Abends kam eine Freundin, um über Nacht bei mir zu bleiben. Wir saßen lange zusammen, es war das letzte vertraute Gespräch zwischen uns. Sie erzählte mir zum erstenmal von ihrem zukünftigen Mann ...
Nachts telefonierte ich nach dem Krankenwagen.
Annette ist endlich fertig. Sie ist ein bißchen bummelig und unordentlich, wie ich als Kind gewesen sein muß. Damals hätte ich nie geglaubt, daß ich meine Kinder zurechtweisen würde, wie meine Eltern mich zurechtwiesen. Annette hat ihr Portemonnaie verlegt. Ich schimpfe mit den gleichen Worten, die meine Mutter gebraucht hätte: So können wir mit dem Geld auch nicht rumschmeißen, was denkst du eigentlich?
Als sie geht, nehme ich sie beim Kopf und gebe ihr einen Kuß. Mach's gut! Wir blinzeln uns zu. Dann schmeißt sie die Haustür unten mit einem großen Krach ins Schloß.
Tinka ruft nach mir. Ich antworte ungeduldig,

setze mich versuchsweise an den Schreibtisch.
Vielleicht läßt sich wenigstens eine Stunde Arbeit
herausholen. Tinka singt ihrer Puppe lauthals ein
Lied vor, das die Kinder neuerdings sehr lieben:
›Abends, wenn der Mond scheint, zum Städtele
hinaus . . .‹ Die letzte Strophe geht so:

> Eines Abends in dem Keller
> aßen sie von einem Teller,
> eines Abends in der Nacht
> hat der Storch ein Kind gebracht . . .

Wenn ich dabei bin, versäumt Tinka nie, mich zu
beschwichtigen: Sie wisse ja genau, daß der
Storch gar keine Kinder tragen könne, das wäre ja
glatt Tierquälerei. Aber wenn man es *singt,* dann
macht es ja nichts.

Sie beginnt wieder nach mir zu schreien, so
laut, daß ich im Trab zu ihr stürze. Sie liegt im
Bett und hat den Kopf in die Arme vergraben.

Was schreist du so?

Du kommst ja nicht, da *muß* ich rufen.

Ich habe gesagt: Ich komme gleich.

Dann dauert es immer noch lange lange lange
bange bange bange. Sie hat entdeckt, daß Wörter
sich reimen können. Ich wickle die Binde von ihrem zerschnittenen Fuß. Sie schreit wie am Spieß.
Dann spritzt sie die Tränen mit dem Finger weg:
Beim Doktor wird's mir auch weh tun. – Willst

du beim Doktor auch so schrein? Da rennt ja die ganze Stadt zusammen. – Dann mußt *du* mir die Binde abwickeln. – Ja, ja. – Darf ich heute früh Puddingsuppe? – Ja, ja. – Koch mir welche! – Ja, ja.

Der Fußschmerz scheint nachzulassen. Sie kratzt beim Anziehen mit den Fingernägeln unter der Tischplatte und möchte sich ausschütten vor Lachen. Sie wischt sich die Nase mit dem Hemdenzipfel ab. He! schreie ich, wer schneuzt sich da ins Hemde? – Sie wirft den Kopf zurück, lacht hemmungslos: Wer schneuzt sich da ins Hemde, Puphemde...

Morgen habe ich Geburtstag, da können wir uns heute schon ein bißchen freuen, sagt sie. Aber du hast ja vergessen, daß ich mich schon alleine anziehn kann. – Hab's nicht vergessen, dachte nur, dein Fuß tut dir zu weh. – Sie fädelt umständlich ihre Zehen durch die Hosenbeine: Ich mach das nämlich viel vorsichtiger als du. – Noch einmal soll es Tränen geben, als der rote Schuh zu eng ist. Ich stülpe einen alten Hausschuh von Annette über den kranken Fuß. Sie ist begeistert: Jetzt hab ich Annettes Latsch an!

Als ich sie aus dem Bad trage, stößt ihr gesunder Fuß an den Holzkasten neben der Tür. Bomm! ruft sie. Das schlagt wie eine Bombe! – Woher weiß sie, wie eine Bombe schlägt? Vor mehr als sechzehn Jahren habe ich zum letztenmal eine Bombe detonieren hören. Woher kennt sie das Wort?

G. liest in Lenins Briefen an Gorki, wir kommen auf unser altes Thema: Kunst und Revolution, Politik und Kunst, Ideologie und Literatur. Über die Unmöglichkeit deckungsgleicher Gedankengebäude bei – selbst marxistischen – Politikern und Künstlern. Die »eigene« Welt, die Lenin Gorki zugesteht (und mehr als zugesteht: die er voraussetzt) bei aller Unversöhnlichkeit in philosophischen Fragen. Seine Rücksichtnahme, sein Takt bei aller Strenge. Zwei gleichberechtigte Partner arbeiten miteinander, nicht der alles Wissende und der in allem zu Belehrende stehen sich gegenüber. Freimütige und großmütige gegenseitige Anerkennung der Kompetenzen ... Wir kommen auf die Rolle der Erfahrung beim Schreiben und auf die Verantwortung, die man für den *Inhalt* seiner Erfahrung hat: Ob es einem aber freisteht, beliebige, vielleicht vom sozialen Standpunkt wünschenswerte Erfahrungen zu machen, für die man durch Herkunft und Charakterstruktur ungeeignet ist? Kennenlernen kann man vieles, natürlich. Aber *erfahren?* – Es gibt einen Disput über den Plan zu meiner neuen Erzählung. G. dringt auf die weitere Verwandlung des bisher zu äußerlichen Plans in einen, der mir gemäß wäre. Oder ob ich eine Reportage machen wolle? Dann bitte sehr, da könnte ich sofort loslegen. Leichte Verstimmung meinerseits, wie immer geleugnet, wenn ich in Wirklichkeit spüre, daß »was Wahres dran ist«.

Ob ich das gelesen habe? Einen kleinen Artikel Lenins unter der Überschrift ›Ein talentiertes Büchlein‹. Gemeint ist ein Buch eines »fast bis zur Geistesgestörtheit erbitterten Weißgardisten«: ›Ein Dutzend Dolche in den Rücken der Revolution‹, das Lenin bespricht – halb ironisch, halb ernsthaft, und dem er »Sachkenntnis und Aufrichtigkeit« bescheinigt, da wo der Autor beschreibt, was er kennt, was er durchlebt und empfunden hat. Lenin nimmt ohne weiteres an, daß die Arbeiter und Bauern aus den reinen, sachkundigen Schilderungen der Lebensweise der alten Bourgeoisie die richtigen Schlüsse ziehen würden, wozu der Autor selbst nicht imstande ist, und scheint es für möglich zu halten, einige dieser Erzählungen zu drucken. »Ein Talent soll man fördern« – was wiederum Ironie ist, aber auch genauso Souveränität. Wir kommen auf die Voraussetzungen für souveränes Verhalten in einem Land, in dem sich die sozialistische Gesellschaft unter Voraussetzungen und Bedingungen wie bei uns entwickeln muß. Über Gründe und Grundlagen des Provinzialismus in der Literatur.

Wir lachen, wenn wir uns bewußt machen, worüber wir endlos zu jeder Tages- und Nachtzeit reden, wie in schematischen Büchern, deren Helden wir als unglaubwürdig kritisieren.

Ich gehe mit Tinka zum Arzt. Sie redet und redet, vielleicht, um sich die Angst wegzureden. Mal verlangt sie die Erläuterung eines Hausbildes (Wieso findest du es nicht schön? Ich finde es schön bunt!), mal will sie mit Rücksicht auf ihren kranken Fuß getragen werden, mal hat sie allen Schmerz vergessen und balanciert auf den Steineinfassungen der Vorgärten.

Unsere Straße führt auf ein neues Wohnhaus zu, an dem seit Monaten gebaut wird. Ein Aufzug zieht Karren mit Mörtelsäcken hoch und transportiert leere Karren herunter. Tinka will genau wissen, wie das funktioniert. Sie muß sich mit einer ungefähren Erklärung der Technik begnügen. ihr neuer unerschütterlicher Glaube, daß alles, was existiert, »zu etwas gut« ist, *ihr* zu etwas gut ist. Wenn ich so oft um die Kinder Angst habe, dann vor allem vor der unvermeidlichen Verletzung dieses Glaubens.

Als wir die Treppen der Post hinunterlaufen, klemme ich sie mir unter den Arm. – Nicht so schnell, ich falle! – Du fällst nicht. – Wenn ich groß bin und du klein, renne ich auch so schnell die Treppen runter. Ich werd größer als du. Dann spring ich ganz hoch. Kannst du übrigens über das Haus springen? Nein? Aber ich. Über das Haus und über einen Baum. Soll ich? – Mach doch! – Ich *könnte* ja leicht, aber ich will nicht. – So. Du willst nicht. – Nein. – Schweigen. Nach einer Weile: Aber in der Sonne bin ich groß. – Die Sonne ist dunstig, aber sie wirft Schatten. Sie sind lang, weil die Sonne noch tief steht. – Groß bis an die Wolken, sagt Tinka. Ich blicke hoch. Kleine Dunstwolken stehen sehr hoch am Himmel.

Im Wartezimmer großes Palaver. Drei ältere Frauen hocken beieinander. Die eine, die schlesischen Dialekt spricht, hat sich gestern eine blaue Strickjacke gekauft, für hundertdreizehn Mark. Das Ereignis wird von allen Seiten beleuchtet. Gemeinsam schimpfen alle drei über den Preis. Eine jüngere Frau, die den dreien gegenübersitzt, mischt sich endlich überlegenen Tons in die fachunkundigen Gespräche. Es kommt heraus, daß sie Textilverkäuferin und daß die Jacke gar nicht »Import« ist, wie man der Schlesierin beim Einkauf beteuert hatte. Sie ist entrüstet. Die Verkäuferin verbreitet sich über die Vor- und Nachteile von Wolle und Wolcrylon. Wolcrylon sei praktisch, sagt sie, aber wenn man so richtig was Elegantes haben will, nimmt man Wolle. – Was gut ist, kommt wieder, sagt die zweite der drei Frauen, und ich blicke beschwörend Tinka an, die zu einer gewiß unpassenden Frage ansetzen will. Im Westen kostet so eine Jacke fünfzig Mark, meint die Schlesierin. – Na ja, erklärt die zweite, rechnen Sie doch um: eins zu drei. Kommen auch hundertfünfzig Mark raus. – Stimmt schon.

Es hat wohl keinen Sinn, sich in ihre Umrechnungen einzumischen.

Ich habe das Geld von meiner Tochter, sagt die Schlesierin. Von meinen hundertzwanzig Mark Rente hätte ich's nicht gekonnt. – Alle drei seufzen. Dann meint die Nachbarin: Dafür bin ich immer gewesen: schlicht, aber fein. – Ich mustere sie verstohlen und kann das Feine an ihr nicht finden. – Sie, unbeirrt: Diesen Mantel hier. Hab ich mir 1927 gekauft. Gabardine. Friedensware. Nicht totzukriegen. – Entsetzt sehe ich mir den Mantel an. Er ist grün, leicht schillernd und unmodern, sonst ist ihm nichts anzumerken. Ein Mantel kann doch nicht unheimlich sein. Tinka zieht mich am Ärmel, flüstert: Wann ist neunzehnhundertsiebenundzwanzig? – Vor dreiunddreißig Jahren, sage ich. – Sie gebraucht eine Redewendung ihres Vaters: War da an mich schon zu denken? – Mitnichten, sage ich. An mich war auch noch nicht zu denken. – Ach du grüne Neune, sagt Tinka. – Die Schlesierin, immer noch mit ihrer blauen Strickjacke beschäftigt, tröstet sich: Jedenfalls werde ich im Winter nicht frieren.

Die dritte, eine dürre Frau, die bisher wenig gesprochen hat, bemerkt jetzt mit stillem Triumph: Über all das brauch *ich* mir gottlob keine Gedanken zu machen ... – Stumme Frage der anderen. Schließlich: Sie haben Verwandte drüben? – Nein. Das heißt: doch. Meine Tochter. Aber die arrangiert das bloß. Da ist ein Herr. Ich kenn den gar nicht, aber er schickt mir, was ich brauche. Jetzt hat er schon wieder nachfragen lassen, was mir für den Winter noch fehlt ... – Blanker Neid in den Augen der anderen. Ja – dann! Besser kann's einem heutzutage ja gar nicht gehen.

Ich schweige, habe längst aufgegeben zu lesen. Die Sprechstundenhilfe ruft alle drei hinaus.

Tinka ist ganz still, als der Arzt an der Wunde herumdrückt. Sie ist blaß, ihre Hand in der meinen wird feucht. Hat's weh getan? fragt der Arzt. Sie macht ihr undurchdringliches Gesicht und schüttelt den Kopf. Sie weint nie vor Fremden. Draußen, als wir auf den Verband warten, sagt sie plötzlich: Ich freu mich, daß ich morgen Geburtstag hab!

Der Himmel hat sich mit Wolken überzogen. Wir sind schon gespannt auf den Maureraufzug. Tinka hätte lange da gestanden, hätte sie nicht eilig ein Eckchen suchen müssen. Dann wird sie schweigsam. Der große schwarze Hund, an dessen Hütte wir bald vorbei müssen, beschäftigt sie. Wie immer erzählt sie mir an dieser Stelle, daß dieser Hund einer Frau mal in den Finger gebissen hat. Es muß jahrelang her sein, falls es überhaupt stimmt, aber auf Tinka hat die Legende davon einen unauslöschlichen Eindruck gemacht. Wirkung von Erzähltem!

Die Post, die ich zu Hause vorfinde, ist enttäuschend, eine nichtssagende Karte von einem nichtssagenden Mädchen. Dafür halten ein paarmal Motorräder vor dem Haus, Eil- und Telegrammboten, Ersatz fürs Telefon. Einer bringt die Korrekturfahnen von G.s Buch über Fürnberg. Während das Essen kocht, lese ich Kinderaufsätze zu dem Thema ›Mein schönster Ferientag‹, die in der Bibliothek des Waggonwerks abgegeben wurden. Ein neunjähriges Mädchen schreibt: »Bei uns im Ferienlager war es herrlich. Wir hatten einen Tag frei. Da konnten wir hingehen wohin wir wollten. Ich bin in den Wald gegangen. Da habe ich einen großen und einen kleinen Hirsch gesehen. Sie lagen alle beide da und rührten sich nicht. Sie waren so zahm, daß man sie anfassen konnte. Da bin ich schnell wieder zurückgelaufen und habe den Lagerleiter geholt. Es war ja nicht weit bis in unser Lager. Ich habe ihm alles erzählt, und er ist mit mir mitgegangen. Er hat den großen Hirsch an einer Leine mitgenommen und ich durfte den kleinen Hirsch tragen. Wir hatten einen kleinen Stall, da habe ich sie alle beide reingestellt und habe sie jeden Tag gefüttert. So war mein schönster Tag.«

Ich bin dafür, diesem Mädchen für seine unwahrscheinliche Geschichte den ersten Preis im Wettbewerb zu geben.

Nach dem Essen fahre ich ins Waggonwerk, zur Parteigruppensitzung der Brigade. In der Straßenbahn sucht ein älteres Ehepaar in allen Taschen verzweifelt nach dem Groschen, der den beiden fehlt, um die Fahrscheine kaufen zu können. Sie haben sich beim Einkaufen verausgabt. Ich biete der Frau den Groschen an. Große Verlegenheit: Ach nein, ach nein, sie könnten ja auch laufen. Schließlich nimmt der Mann den Groschen, unter Beteuerungen, wie peinlich es ihm sei. So was ist wohl nur bei uns Deutschen möglich, denke ich.

Im Betrieb war ich ein paar Wochen nicht. Die Halle steht voller halbfertiger Waggons. Anscheinend ist die Produktionsstockung überwunden. Ich freue mich zu früh.

Willy bemerkt mich nicht gleich. Ich sehe zu, wie er mit seiner neuen Vorrichtung zur Vorbereitung der Druckrahmen arbeitet. Er und J., sein Brigadier, haben diese einfache, aber praktische Vorrichtung entwickelt und als Verbesserungsvorschlag eingereicht. Sie sparen damit die Hälfte der Zeit für diesen Arbeitsgang ein. Im Betrieb wurde hinter ihrem Rücken getuschelt, es hat böses Blut gegeben. Heute soll ich erfahren, was wirklich los ist.

Willy blickt auf. Na, mei Herze? sagt er. Er freut sich. Er hat noch zu tun. Ich setze mich in den Brigadeverschlag, den sie selbst »Rinderoffenstall« nennen. Noch fünfundvierzig Minuten bis Arbeitsschluß, aber drei sitzen schon hier und warten, daß die Zeit vergeht. Immer noch nicht genug Arbeit? Köpfeschütteln. Das Bild in der Halle trog. – Und was macht ihr mit der übrigen Zeit? – Beschäftigungstheorie, sagen sie. Eisenplatz, Holzplatz, Bohlen ausbessern – Und das Geld? – Das stimmt. Wir kriegen ja den Durchschnitt. – Sie sind mißgelaunt, resigniert, wütend – je nach Temperament. Und was das schlimmste ist: Sie hoffen nicht mehr auf die entscheidende Wende zum Besseren. Lothar sagt: Im Januar sitzen wir wieder in der Tinte, wenn wir uns auch jetzt im letzten Quartal noch ein Bein ausreißen, um den Plan zu machen. Das Geld wird für Überstunden rausgeschmissen. Soll das rentabel sein?

Sein Geld stimmt, aber er ärgert sich über die Unrentabilität des Betriebes. Kann der Werkleiter in jede Brigade gehen und erklären, was mit dem Betrieb los ist? Er kann es nicht. Aber erklärt werden müßte es, und zwar ganz genau, und möglichst jede Woche nach dem neuesten Stand. Uneingeweihte Leute fangen an, verantwortungslos zu handeln.

Inzwischen dreht sich das Gespräch um das Betriebsfest am letzten Sonnabend. Jürgen erzählt, wie er seine Frau, die zu viel getrunken hatte, mit Mühe und Not in einem Werksomnibus nach Hause schaffen konnte, nachdem sie einen aufdringlichen Kollegen öffentlich geohrfeigt hatte. Vor Wut habe ich mir am nächsten Tag noch einen angetrunken, sagt er. Er hat ein bißchen Angst, er könnte durch seine Frau blamiert sein. Da fangen die anderen an, ähnliche Vorfälle mit ihren eigenen Frauen zu erzählen, sachlich, ohne Gefühlsaufwand, wie Männer eben über Frauen reden. Ich denke: Bestimmt hatte der zudringliche Kollege die Ohrfeige verdient ...

Im Sitzungszimmer der Parteileitung treffen sich neun Genossen. Sie kommen in ihrem Arbeitszeug, ungewaschen. Eine Frau ist dabei, mit lustigen, lebendigen Augen; ich habe in der Brigade schon mal erlebt, daß sie auf den Tisch haut. Hier sagt sie nichts.

Lange Rede, kurzer Sinn – wir fangen an, sagt Willy. Er ist Gruppenorganisator. Ich weiß, was er heute vorhat, und beobachte gespannt und anerkennend, wie er rücksichtslos sein Ziel ansteuert. Vor ihm liegt der Bericht für die öffentliche Rechenschaftslegung seiner Brigade. Ich kenne ihn. Aber die Genossen aus der Nachbarbrigade, die Wettbewerbspartner, sitzen ein bißchen verdattert vor den dreiundzwanzig Seiten der anderen, die ja bei aller Freundschaft doch auch die Rivalen sind. Und wenn man die verzwickte Geschichte der beiden Brigaden kennt, die doch mal *eine* Brigade waren ... Die Starbrigade des Werkes, unter der Führung von P., der Willy gegenübersitzt, sich immer wieder den Schweiß abwischt und sich übertölpelt vorkommt.

Schnell und undeutlich beginnt Willy aus dem Rechenschaftsbericht vorzulesen; ein sorgfältig ausgewähltes Stück. Die Hände, in denen er das Blatt hält, zittern ein bißchen. Auf einen Uneingeweihten muß die Atmosphäre in dem überheizten Zimmer eher einschläfernd wirken.

Niemand nimmt Zitate so ernst wie Willy. Er liest vor, was Lenin über die Steigerung der Arbeitsproduktivität gesagt hat. Und wie geht es bei uns? unterbricht er sich. Ein Kollege sagt: Als wir noch keine Brigade der sozialistischen Arbeit werden wollten, waren wir uns immer einig. Jetzt gibt es dauernd Stunk. – Willy hebt die Stimme. Er kommt jetzt auf ihren Verbesserungsvorschlag: eben jene einfache Vorrichtung, die ich vorhin in Aktion sah. Einen Riesenqualm gab es! sagt er und läßt das Blatt sinken, blickt über seine Drahtbrille direkt auf P.: Fünfzig Prozent Einsparung! Das hat es noch nicht gegeben – bei uns nicht! Man hat die Realität des Vorschlags angezweifelt. Ja, auch du, P.! Red nicht, jetzt bin ich dran! Aber der Vorschlag ist real, da gibt's nichts dran zu wackeln. Klar haben wir 'ne Prämie gekriegt. Klar werden wir beiden die nächsten drei Monate gut verdienen. Tausend Mark kommen für mich dabei zusammen, wenn ihr's wissen wollt. Und was weiter? Gilt vielleicht der materielle Anreiz für uns Genossen nicht? Alles wäre in Ordnung gewesen, wenn die beiden ihre Prämie verteilt, die Mäuler mit ein paar Flaschen Bier gestopft hätten. Aber damit ist Schluß! ruft Willy. Gleichmacherei gibt's nicht mehr. Und auf dem nächsten Brigadeabend geben wir einen aus.

So kam in der Abteilung die hinterhältige Frage auf: Bist du Kommunist oder Egoist?

Und das, ruft Willy aus, längst schon erregt und sich oft verhaspelnd, das haben wir alle gewußt. Oder nicht? Und wie sind wir als Genossen aufgetreten? Gar nicht. Wie konnten wir auch! Waren uns ja selbst nicht einig. Konkreter! ruft einer aus der Nachbarbrigade.

Willy, immer lauter: Jawohl! So konkret du willst! In der BGL werden wir beide zu Aktivisten vorgeschlagen. Wer spricht dagegen? Genosse P.! In der Parteileitung will man unser Bild zum Tag der Republik an der »Straße der Besten« aufstellen. Wer rät ab? Genosse P.! Konkret genug?

Vielleicht darf ich jetzt auch mal was sagen, verlangt P. Bitte, sagt Willy. Bloß eins noch: Es geht um die Sache und nicht darum, ob mir deine Nase oder dir meine Nase nicht paßt. Jeder hier am Tisch kennt P.s Ausspruch aus der Zeit, als Willy mit seiner »rückläufigen Kaderentwicklung« neu in seiner Brigade war: Er oder ich, das ist hier die Frage. Für uns beide ist in einer Brigade kein Platz. – Am Ersten Mai stand noch P.s Bild an der »Straße der Besten«. Beide müssen viel vergessen und manches gedacht haben, was sie sich selbst nicht zugeben würden, damit überhaupt geredet werden kann wie heute. Man muß nicht erwarten, daß der Konflikt nach den Regeln klassischer Dramaturgie zugespitzt und bis zu Ende »ausgetragen« wird. Viel ist schon, daß P. zugibt: Euer Vorschlag war real. Daß ihr die Prämie kriegt, ist richtig. – Danach ist sein Vorrat an Selbstverleugnung erschöpft. Er weicht aus, zerrt eine alte Geschichte hervor, über die er sich weitschweifig ergeht. Er kann sich nicht einfach so geschlagen geben. Es geht hin und her zwischen den beiden Brigaden, die Spannung flacht ab, auch Willy muß mal ein Loch zurückstecken, was ihm schwer genug fällt.

Vor ihm liegt immer noch der Rechenschaftsbericht seiner Brigade. In einer Woche sollen P.s Leute auch soweit sein. Plötzlich wird ihnen vor der Arbeit bange. Diesen kleinen Triumph gönnt Willy sich noch, das merkt jeder. Aber nun ist es genug, man muß sich einigen. Man bespricht, wer P. helfen soll. Wenn du mich Querpfeifer auch haben willst..., sagt Willy. – Alter Idiot! erwidert P.

Jemand kommt auf die Idee, man müsse die Frauen zur Rechenschaftslegung der Brigade einladen, das sei ein Zug der Zeit. Dagegen kann keiner öffentlich sprechen, aber klar wird: Feurige Fürsprecher hat der Vorschlag nicht. Die Frauen, sagt einer, haben doch alle genug mit den Kindern zu tun, besonders nach Feierabend ... Günter R. ist froh: Eine Frau könne ja nur mitbringen, wer eine habe.

Na und du? fährt Willy ihn an. Hast wohl keine? – Nee, sagt Günter. Nicht mehr. – Was ist eigentlich los mit deiner Ehe? Daß du mir nicht absackst wegen solcher Geschichten! droht Willy. – Günter ist der Jüngste am Tisch. Er macht eine wegwerfende Handbewegung, ist aber glühend rot geworden. Lappalie! Nicht der Rede wert!

Später erzählt mir P.: Günter war für ein paar Wochen zur sozialistischen Hilfe in den Schwesterbetrieb nach G. geschickt worden, und als er eines Tages unvermutet nach Hause kommt, spaziert ihm doch der Meister seiner Frau aus seinem Schlafzimmer entgegen. Da ist er natürlich gleich am nächsten Tag aufs Gericht. Da ist auch nichts mehr zu flicken ...

Nach und nach ist die Stimmung heiter geworden. Witze werden gerissen. Als ich behaupte, sie wollten alle nichts von Kultur wissen, gibt es Protest. Die Einladungskarten für die Rechenschaftslegung werden herumgezeigt, weiße Doppelkärtchen, auf denen in goldener Schnörkelschrift »Einladung« gedruckt ist. Das ist ihnen vornehm genug. Sie wollen sich allerhand Gäste einladen, wollen »ein Beispiel geben«, wie Willy sagt. Er läßt die Versammlung jetzt locker schleifen, ist kaum noch verkrampft, sieht ganz zufrieden aus. Er blinzelt mir zu und grinst. Ganz schön durchtrieben, sage ich später zu ihm. Muß man ja sein, Meechen, sagt er. Kommst sonst zu nichts.

Ich gehe schnell nach Hause, aufgeregt, mit aufgestörten Gedanken. Ich höre noch einmal, was sie sagen, dazu, was sie nicht sagen, was sie nicht einmal durch Blicke verraten. Wem es gelänge, in dieses fast undurchschaubare Geflecht von Motiven und Gegenmotiven, Handlungen und Gegenhandlungen einzudringen ... Das Leben von Menschen groß machen, die zu kleinen Schritten verurteilt scheinen ...

Um diese Jahreszeit ist es gegen Abend schon kalt. Ich kaufe noch ein, was ich zum Kuchenbacken brauche, und nehme ein paar Geburtstagsblumen mit. In den Gärten welken schon die Dahlien und Astern. Mir fällt der riesige Rosenstrauß ein, der damals, vor vier Jahren, im Krankenhaus auf meinem Nachttisch stand. Mir fällt der Arzt ein, den ich sagen hörte: Ein Mädchen. Aber sie hat ja schon eins. Na, es wird ihr wohl nichts ausmachen ... Seine Erleichterung, als ich schon den Namen hatte. Die Schwester, die mich belehrte, wie unerwünscht manchmal Mädchen noch seien und was man da alles erleben könne, besonders mit den Vätern. Die kommen einfach nicht, wenn es wieder ein Mädchen ist, ob Sie's glauben oder nicht. Darum dürfen wir am Telefon nicht sagen, was es ist, Junge oder Mädchen.

Alle wollen mithelfen beim Kuchenbacken. Die Kinder stehen überall im Wege. Schließlich lege ich ihnen im Zimmer eine Märchenplatte auf, ›Peter und der Wolf‹. Nachher kratzen sie die Teigschüsseln aus, bis sie ihnen entzogen werden. Annette erzählt aus der Schule: Wir haben ein neues Lied gelernt, aber es gefällt mir nicht besonders. Republik reimt sich auf Sieg – wie findest du das? Ich find's langweilig. Wir haben eine neue Russischlehrerin. Die hat sich gewundert, wie viele Wörter wir schon kennen. Aber denkst du, die hat uns ihren Namen gesagt? Nicht die Bohne. Dabei mußten wir ihr unseren Namen alle auf einen Sitzplan aufschreiben. Die denkt sich gar nichts dabei, glaube ich. – Sie quirlen lange unruhig umher und wollen sich nicht damit abfinden, daß man auch in der Nacht vor dem Geburtstag schlafen muß.

Der Kuchen geht im Ofen über alle Maßen. Jetzt, wo es still wird, ist mir, als könnte ich hören, wie er geht. Die Formen waren zu voll, der Teig geht und geht und tropft in die Röhre und verbreitet einen Geruch nach Angebranntem in der ganzen Wohnung.

Als ich den Kuchen herausziehe, ist eine Seite

schwarz, ich ärgere mich und finde keinen, dem ich die Schuld geben könnte außer mir selbst, und dann kommt noch G. und nennt den Kuchen »etwas schwarz«, da sage ich ihm ungehalten, daß es an den zu vollen Formen und am schlechten Ofen und am zu starken Gasdruck liegt. Na ja, sagt er und zieht sich zurück.

Später hören wir die Violinsonate op. 100 von Antonin Dvořák, auf die Fürnberg ein Gedicht gemacht hat. Eine liebliche, reine Musik. Mein Ärger löst sich auf. Wir merken beide gleichzeitig, daß wir nach verbranntem Kuchen riechen, und fangen an zu lachen.

Ich muß noch etwas schreiben, aber alles stört mich: das Radio, der Fernseher nebenan, der Gedanke an den Geburtstagstrubel morgen und an diesen zerrissenen Tag, an dem ich nichts geschafft habe. Unlustig decke ich den Geburtstagstisch, mache den Lichterkranz zurecht. G. blättert in irgendeinem Büchlein, findet es »gut geschrieben«. Aus irgendeinem Grund stört mich auch das.

Ich sehe die Manuskriptanfänge durch, die auf meinen Schreibtisch übereinanderliegen. Die Langwierigkeit des Vorgangs, den man Schreiben nennt, erbittert mich. Aus der reinen Brigadegeschichte haben sich schon ein paar Gesichter herausgehoben, Leute, die ich besser kenne und zu einer Geschichte miteinander verknüpft habe, die, wie ich deutlich sehe, noch viel zu simpel ist. Ein Mädchen vom Lande, das zum erstenmal in ihrem Leben in die größere Stadt kommt, um hier zu studieren. Vorher macht sie ein Praktikum in einem Betrieb, bei einer schwierigen Brigade. Ihr Freund ist Chemiker, er bekommt sie am Ende nicht. Der dritte ist ein junger Meister, der, weil er einen Fehler gemacht hat, in diese Brigade zur Bewährung geschickt wurde ... Es ist merkwürdig, daß diese banalen Vorgänge, »dem Leben abgelauscht«, auf den Seiten eines Manuskripts ihre Banalität bis zur Unerträglichkeit steigern. Ich weiß, daß die wirkliche Arbeit erst beginnen wird, wenn die Überidee gefunden ist, die den banalen Stoff erzählbar und erzählenswert macht. Aber sie findet sich nur – wenn überhaupt, woran ich heute abend ernsthaft zweifle – durch diese lange Vorarbeit, deren Vergeblichkeit mir klar ist.

Ich weiß, daß weder die Seiten, die schon daliegen, noch die Sätze, die ich heute schreibe, bleiben werden – nicht ein Buchstabe von ihnen. Ich schreibe, und dann streiche ich es wieder aus: Wie immer wurde Rita pfeilschnell aus dem Schlaf geschleudert und war wach, ohne Erinnerung an einen Traum. Nur ein Gesicht mußte da gewesen sein. Sie wollte es festhalten, es verging. Robert lag neben ihr.

Vor dem Einschlafen denke ich, daß aus Tagen

wie diesem das Leben besteht. Punkte, die am Ende, wenn man Glück gehabt hat, eine Linie verbindet. Daß sie auch auseinanderfallen können zu einer sinnlosen Häufung vergangener Zeit, daß nur eine fortdauernde unbeirrte Anstrengung den kleinen Zeiteinheiten, in denen wir leben, einen Sinn gibt ...

Die ersten Übergänge in die Bilder vor dem Einschlafen kann ich noch beobachten, eine Straße taucht auf, die zu jener Landschaft führt, die ich so gut kenne, ohne sie je gesehen zu haben: der Hügel mit dem alten Baum, der sanft abfallende Hang zu einem Wasserlauf, Wiesengelände, und am Horizont der Wald. Daß man die Sekunden vor dem Einschlafen nicht wirklich erleben kann – sonst schliefe man nicht ein –, werde ich immer bedauern.

Herbert Rosendorfer

Eine Begegnung im Park

Alles ist relativ. Nach einer Aufführung des ›Parsifal‹ im Festspielhaus erscheint der Park hinter dem Schloß besonders ruhig, obwohl da und so spät noch eine Menge Geräusche zu hören sind: das Gurgeln des Wassers, das Schnattern einer verschlafenen Ente, das Rauschen der hohen Bäume im leichten Sommerwind und hie und da Schritte auf dem Kies im Dunkeln. Die Schritte wurden allerdings zunehmend seltener. Ich war schon allein im Park, als ein Mann neben meiner Bank stand, offenbar unschlüssig, ob er mich ansprechen sollte oder nicht.

»Kein Platz in keinem Gasthaus«, sagte er dann endlich, ziemlich beiläufig, nachdem er schon zu lange vor der Bank, auf der ich saß, gestanden war, um noch ohne ein Wort weiterzugehen. Er sprach mit österreichischem Akzent.

Ich rückte auf meiner Bank etwas zur Seite, um anzudeuten, daß es mir nicht unangenehm sei, wenn er sich setze.

»Kein einziger Stuhl frei, in ganz Bayreuth nicht«, sagte er und setzte sich. Er war, wie man so sagt, untersetzt und ein klein wenig füllig – deutlich körperhaft, um höflich zu bleiben. Ein Schwan zog auf dem leicht bewegten Wasser vorbei, kostbar weiß im Mondlicht, und schaukelte auf den kleinen Wellen wie die welken Blätter, die auf dem Wasser lagen.

»Jaja«, sagte ich, »das ist hier so zur Festspielzeit. Ich habe schon Knappertsbusch in der ›Eule‹ mit einem umgedrehten Kübel als Sitzgelegenheit vorliebnehmen sehen.«

»Wen, bitte?« fragte er.

»Knappertsbusch.«

»Ah, so.« Ich hatte den Eindruck, er kannte Knappertsbusch nicht.

»Sie sind zum ersten Mal in Bayreuth?« fragte ich nach einer Weile.

»Ja«, sagte er. »Es ist schon sehr ein eigenartiger Eindruck.«

»Das kann man wohl sagen.«

»Ich möcht ja nicht unbedingt etwas sagen, ich weiß nicht, ob ich legitimiert dafür bin, aber es war schon ein eher sehr merkwürdiger Eindruck für mich.«

»Sie sind kein Wagnerianer?«

»Kein was nicht?«

»Wagnerianer – einer von den Anhängern Wagners...«

»Wagner«, sagte er, »das ist der, der die Oper von heut abend geschrieben hat?«

Ich staunte den Mann an. Er war jung, so Mitte dreißig, hatte eine ziemlich große Nase, und diese Nase kam mir irgendwie bekannt vor. Irgendwo, da war ich ganz sicher, hatte ich diese Nase schon gesehen. Eine verwischte Assoziation, so verwischt, daß ich sie nicht fassen konnte, huschte in meinem Gedächtnis ganz hinten vorüber ... Leibhaftig hatte ich dem Mann aber sicherlich nie gegenüber gesessen.

»Ja«, sagte ich etwas verwirrt, »natürlich – Richard Wagner.«

»Und da gibt es«, sagte er, »auch Wagnerianer?«

Ich lachte. »Leben Sie hinter dem Mond?«

Er schaute mich ernst an. Nein, ich lasse es mir nicht nehmen, dachte ich, dieses Gesicht kenne ich.

»Ja«, sagte er langsam, »ja, ich lebe hinter dem Mond, wenn man so sagen will.«

»Verzeihen Sie meine Bemerkung – ich wollte Sie nicht kränken. Ich wußte nicht, daß Sie von so weit her kommen.«

»Ich komme von weit her, das stimmt«, sagte er, »deswegen ist das alles so merkwürdig für mich.«

Er ist ein emigrierter Österreicher, dachte ich, wahrscheinlich 1938 als Kind mit seinen Eltern vor den Nazis geflohen, nach Australien vielleicht oder Neuseeland. Aber woher kenne ich dann sein Gesicht?

»Sind die Leute«, sagte er, »eigentlich glücklich, wenn sie das hören, diese Oper heute abend? Ich möchte nicht unhöflich sein, wissen Sie, ich sage nichts dagegen, es steht mir ja gar nicht zu, und es interessiert mich nur – aus Profession...«
»Sie sind Musiker?«
»Sind die Leute glücklich dabei? Hören sie das gern?«
Meine Frage, ob er Musiker sei, hatte er absichtlich überhört. Was war der Mann? Der Mond war zwischen zwei Ästen durchgekommen und beleuchtete unsere Bank. Der Mann war jung und uralt zugleich. Unsinn – vielleicht war er nur müde...
Kein Wunder nach dem ›Parsifal‹, und im Mondlicht sieht ohnedies jeder bleich aus.
»Eine eigenartige Frage«, sagte ich. »Sicher – im gewissen Sinn sind die Menschen glücklich, wenn sie das hören. Es ist eine ganz andere Art von Glück als jenes, das man vielleicht bei Beethoven empfindet –«
»Bei wem?«
»Bei *Beethoven*«, war er schwerhörig?
»Ah –«, sagte er, »ja, ja, Beethoven... richtig, warten Sie, Louis von Beethoven.«
Ich lachte.
»Warum lachen Sie?« sagte er.
»Weil Sie Louis von Beethoven sagen.«
»Heißt er nicht so?«

»Naja«, sagte ich, »allgemein sagt man Ludwig van Beethoven – aber mag sein, er hat sich Louis genannt.«

»Was ist aus ihm geworden?«

»Wie bitte?«

»Er ist wohl ein sehr berühmter Komponist geworden?«

In Bayreuth gibt es – nahe dem Festspielhaus – die große Nervenheilanstalt des Regierungsbezirks Oberfranken. Ich rückte etwas von dem Mann ab. Haben die Insassen so spät noch Ausgang? War der Mann entsprungen?

»Ein sehr berühmter Komponist«, sagte ich vorsichtig, »voriges Jahr, zu seinem 200. Geburtstag, konnte man sich gar nicht genug tun mit Beethoven-Büchern und Beethoven-Feiern...«

»200. Geburtstag?« fragte er.

»Ja doch«, sagte ich.

»Wie die Zeit vergeht...«

Der Mann trug einen Smoking, einen recht elegant geschnittenen Smoking, aber er wirkte irgendwie verkleidet. Wenn ein konservativer Indianer einen Smoking trüge, sähe das wohl so aus. Der Smoking war dem Mann »verpaßt« wie eine militärische Uniform. Er fühlte sich in der Kleidung auch sichtlich nicht wohl, suchte Taschen, wo keine waren, knöpfte überall herum und zupfte an allen Enden. Ob die Irren, die ungefährlichen, sanfteren, mit anstaltseigenen Smokings hie und da eine Festspielaufführung besuchen dürfen? Vielleicht auf Grund einer Stiftung eines Wagner-Vereins (oder eines Anti-Wagner-Vereins?).

»Ich war überwältigt von der Präzision, mit der das Stück exekutiert worden ist«, sagte er. »Ich habe das Orchester zwar nicht gesehen, aber die Banda, soviel ich im Hören gezählt habe, waren mindestens vier Corni, drei Trompeten und vier Trombonen, ungezählt die von der Bühnenmusik – und so exakt – beneidenswert.«

»Ja«, sagte ich, »das Orchester ist gut.«

»Nur sehr lang ist das Stück«, sagte er, »sehr lang.«

»Es hat Ihnen also nicht gefallen?«

»Mir steht nicht zu, etwas darüber zu sagen; mich würde nur interessieren: sind die Menschen glücklich, wenn sie das hören?«

»Sie wären – bis auf wenige – sicher unglücklich, wenn sie *nur* das hören könnten.«

»Man hört auch anderes?«

»Aber doch freilich – allerdings nicht hier.«

»Hier hört man nur Wagner?«

»Ja. Nur Wagner.«

»Warum?«

»Das Festspielhaus wurde von Wagner für seine Bühnenwerke gebaut. Das hat man beibehalten –«

»Woanders wird Wagners Musik nicht gespielt?«

»Doch, doch –«

»Gibt es für alle Compositeurs solche Häuser?«

»Wie bitte? Ach so – nein, nein. Komische Fragen stellen Sie –«

»Ich weiß, entschuldigen Sie –«, er spielte interessiert mit seinen Manschettenknöpfen, knöpfte sie heraus und brachte sie nicht wieder hinein.

»Nein, für andere Compositeurs, wie Sie sagen, gibt es keine solchen Häuser.«

»Warum nicht?«

»Die haben keine Zeit oder kein Geld gehabt, solche Häuser zu bauen.«

»Und ihre Musik wird dann wohl nicht so oft gespielt wie die von Wagner?«

»Das kann man nicht einmal sagen –«

»Tatsächlich?«

»Gewiß – zum Beispiel Beethoven, wie gesagt, den hat man voriges Jahr fast zu oft gehört; auch Bach –«

»Wirklich? Bach? Das freut mich –«

»Ja«, sagte ich, »die ›Matthäus-Passion‹ wird sicher zehnmal so häufig aufgeführt wie der ›Parsifal‹.«

»Bach hat eine ›Matthäus-Passion‹ geschrieben?«

»Entschuldigen Sie«, sagte ich, »ich weiß nicht –«

»Ich kannte die ›Sonaten und Rondos für Kenner und Liebhaber‹, und ›Herrn Professor Gellerts Geistliche Oden und Lieder‹ –«

»Ah! Sie meinen Carl Philipp Emanuel Bach –«
»Ja, aus Berlin –«
»Ich meine Johann Sebastian –«
»Den *alten* Bach?«
»Natürlich. Bach ohne Vornamen ist Johann Sebastian.«
»Interessant. Den kennt man noch?«
»Und wie!«
»Sagen Sie«, er schabte mit seinem Fuß im Kies, »kennt man – auch – einen Compositeur – namens ...«
»Namens?«
»Wissen Sie«, sagte er dann ganz schnell, »es steht mir natürlich nicht zu, etwas darüber zu sagen, aber am Anfang dieser Oper ist es mir akkurat so vorgekommen, als wäre alles, das Riesenorchester und die Sänger, die so furchtbar schreien, und der Chor und diese Finsternis auf der Bühne ein einziges Durcheinander. Es hat so schrecklich falsch geklungen; aber wenn man genau hinhört, merkt man doch, daß es Absicht ist, und hie und da hörte ich – verzeihen Sie, ich sollte das wohl überhaupt nicht sagen – quasi eine Insel aus einer mir bekannten Tonwelt ... ich weiß nicht, wie ich das sagen soll. Es ist mir so fremd. Und diese Inseln sind, entschuldigens', banal. Aber großartig ist wohl das andere, das ich nicht verstanden habe –«

Der kriegt vom Wagner-Verein mit Sicherheit

keine Karte mehr, dachte ich mir, wenn er das in der Anstalt auch seinen Gönnern erzählt.

»Ja nun«, sagte ich, »man kann gegen Wagner natürlich viel sagen –«

»Ich will nichts gegen den Herrn sagen, steht mir nicht zu; wird wohl so gehören die Musik. Nur: die Oper ist schon unmäßig lang.«

»Wagner hat sie nicht als zu lang empfunden.«

»Ob Compositeurs, ob Schreiber und Auteurs, sie halten sich merkwürdigerweise immer was drauf zugute, ihrem Publico an Länge Unheimliches zuzumuten. Komisch – als ob es heldenhaft wäre, eine Oper von sechs Stunden zu schreiben. Höchstens ist es heldenmäßig, eine solche Oper anzuhören.«

»Aber wenn der Meister eben diese Zeit brauchte, das auszudrücken, was ihm vorschwebt –«

»Wenn ihm was Sechsstündiges vorschwebt, soll er's gefälligst nicht fürs Theater schreiben.«

Wie so ein Narr redet, dachte ich mir und schaute in die Bäume hinaus. Nach einer Weile sagte ich:

»Ich glaube –«

Er war verschwunden. Ich schaute herum. Wo der kleine Seitenweg, an dem meine Bank stand, zwischen hohen Büschen in den Hauptweg mündete, sah ich ihn stehen. Ein unheimlicher Mensch, dachte ich, ob man die Polizei verständigen sollte? Er stand dort und winkte mir. Ich lief hin. Nach einigen Schritten sah ich, daß das nicht der Mann, sondern eine von der Bank aus merkwürdig menschenähnliche Konstellation zweier Hecken war. Ein Nachtvogel hatte sich auf einen Ast gesetzt, der mir immer noch winkte ...

Alles war verstummt. Auch der leichte Sommerwind hatte sich gelegt, und die Bäume rauschten nicht mehr. Da hörte ich auf einmal ganz deutlich, wie Musik erklang. Das war nicht ›Parsifal‹, das war – ich hörte hin – ja, das war es: »Voi, che sapete che cosa è amor ...« Es hätte mich nicht gewundert, wenn eine der steinernen Nymphen auf der Insel im Park das gesungen hätte. Die Musik kam aber aus einem der erleuchteten Fenster des Freimaurer-Museums, das direkt am Park steht.

»Donne vedete, s'io l'ho nel cor ...«

Ich ging langsam aus dem Park. Die Musik begleitete mich wie ein flatterndes Band.

Barbara Frischmuth

Posaune im Ohr

»Mit Blick auf den Zinken«, sagte er, als er mir die Toilettepapierrolle aushändigte. Der Zinken war einer der umgebenden Berge, mit einem pyramidenförmigen Gipfel und weit ausladenden Achseln, in deren einer man den Kopf Napoleons erkennen konnte. Manche brauchten sehr lange, bis sie ihn zum ersten Mal sahen, aber jeder, der ihn einmal ausgemacht hatte, fand ihn immer wieder.

Ein vom Regen schlüpfriger, grasbewachsener Pfad führte zu dem Holzhäuschen mit dem Plumpsklo. Wie in meiner Kindheit. Auch die mit Reißnägeln befestigten Postkarten fehlten nicht, selbst die mit der Gemse, die aus dem Ei schlüpft, hing da.

Der Geruch langsam verrottender menschlicher Ausscheidungen ins Allgemeine des Stoffwechsels rückgeführt. In einem Plumpsklo stinkt es nie nach einem einzelnen Menschen, es riecht nach Schwefel und Ammoniak.

Ein Eimer stand in der Ecke, mit Wasser gefüllt, zum Nachleeren, und erst jetzt kam mir zu

Bewußtsein, daß er alles vom Brunnen holen mußte, auch was er zum Waschen und Kochen brauchte.

Durch das herzförmig in die Tür gesägte Loch konnte man tatsächlich die Berge sehen, den Zinken aber nur, wenn man sich den Hals verrenkte.

Auf dem Rückweg bemerkte ich das kleine Erdäpfelland. Ich hielt es für einen Witz, als er erzählte, wie er die Baugenehmigung für seine Hütte erwirkt hatte. Landwirtschaftliche Nutzung. Er konnte das Erdäpfelland hier am Waldrand schon wegen des Wildes nicht alleinlassen und brauchte eine Unterkunft.

Seine Hütte war mittlerweile berühmt, wie seine Lebensgeschichte. Er lud Leute ein, Freunde, Bekannte, Gönner, bewirtete sie, machte ein Foto von ihnen und ließ sie ins Gästebuch schreiben. Es gab bereits mehrere Bände davon. Und während er kochte, konnte man sie sich anschauen.

Von der Straße aus führte der Weg zuerst durch ein Stück Wald, ehe man zur Hütte kam, die vorne am Waldrand lag. Ein Viehgatter, ein hölzerner Brunnentrog, in dem Bier kühlte, und am Fahnenmast klebte die regennasse Europaflagge. Er war in heftiges Lachen ausgebrochen, als er meinen Mann und mich darauf aufmerksam machte. Der Eingang war erhöht, wir stiegen über Holzstufen, lehnten uns einen Moment ans Geländer, um einen Blick auf die Alm zu werfen, die in der Nässe zu zerfließen drohte.

Die Hütte bestand aus zwei Räumen und einem Dachboden, wo sein Sohn und dessen Freunde schlafen konnten, wenn sie zu Besuch kamen. Die Leiter war angelehnt und die Falltür offen, damit wir uns das Matratzenlager da oben ansehen konnten.

Sein eigenes Bett war ein altmodisches Holzbett mit einer dicken Tuchent. Vor dem Fenster stand ein Schreibtisch, darauf ein PC und ein Fax-Gerät, beides batteriebetrieben. Der Strom, den er selber erzeugte, reichte für die Deckenbeleuchtung.

Als wir gekommen waren, hatte er seinen Hund bellen lassen. Mir war aufgefallen, daß bei unserem letzten Besuch vor einigen Jahren das Schild ACHTUNG BISSIGER HUND noch nicht an der Tür hing. Er freute sich ungemein über unsere Verblüffung und versuchte an unseren Gesichtern abzulesen, wie naturgetreu wir das Bellen seines elektronischen Hundes erlebten. Er selbst empfing nur Impulse, die eine Näherung an den originalen Ton bedeuteten. Er schrieb uns gelegentlich Ansichtskarten, wenn er zu einem der vielen Kongresse fuhr, nach Israel oder Polen, dort seine Selbsthilfethesen vertrat und sich als Beispiel vorstellte, wie man mit einer Behinderung wie der seinen leben konnte.

Er hatte vor dreizehn Jahren sein Gehör vollkommen verloren, hatte dann nach einer Zeit des Schocks lippenlesen gelernt und sich später für ein Cochlear-Implantat zur Verfügung gestellt. Seither reiste er durch die Welt und hielt Vorträge über die Vorteile dieser Operation. Er schrieb auch Artikel, und ich war erstaunt, wie gewandt, wie professionell er das tat.

Als er noch hörte, war er bei der Zollfahndung gewesen und hatte Posaune gespielt. Mehr wußte ich nicht von ihm, obwohl wir aus dem selben Dorf stammten. Doch, ja, seine Frau hatte ich einmal kennengelernt, aber das war nun auch nicht mehr seine Frau.

Er schenkte Bier ein und setzte sich. Er wolle nur einen Begrüßungsschluck mit uns trinken, bevor er mit dem Kochen beginne. Dann zog er das kleine Gerät, das er um den Hals hängen hatte, unterm Hemd hervor und wechselte die Batterie. »Bei euch habe ich auf 5 gestellt!« Das war eine große Ehre, wie sich zeigen sollte. »Wenn mehr Leute da sind, stelle ich auf 4. Beim Stammtisch, nach der zweiten Halben, auf 3. Wenn die Weiber«, er verneigte sich leicht und sagte, »Tschuldigung, wenn die Damen zu kreischen beginnen, gehe ich auf 2 herunter, wenn die Turnerinnen feiern, auf 1, und beim See-Rock ziehe ich den Stöpsel ganz heraus.«

Wir lachten alle drei, war er doch im letzten

Jahr mit seiner Posaune bei diesem allsommerlichen Konzert aufgetreten, als Attraktion, den Blick auf den Bandleader, den er schon lange kannte, gerichtet. »Rock halte ich nicht mehr aus. Was glaubt ihr, was der Kasten da aufführt!« Und er ließ das kleine Gerät wieder unter seinem Hemd verschwinden.

Er hatte alles vorbereitet, die Koteletts, den Salat, das Brot. »Ihr müßt schon entschuldigen, gegrillt schmecken sie weit besser.« Aber da es regnete, mußte er sie auf dem Sparherd braten. Er hatte sogar Filzdeckel, die ihm ein alter bayrischer Zöllner geschenkt hatte, unter das Weizenbier gelegt.

»Wenn du willst, daß es noch mehr schäumt, mußt du ein paar Reiskörner dazugeben!« sagte mein Mann, der aus Schwaben kommt. Er holte sofort welche, und als es tatsächlich noch mehr schäumte, freute er sich sehr und dankte für den guten Rat per Handschlag.

Der Bedacht, mit dem er das Fleisch briet, lohnte sich; es waren die besten Koteletts, die wir seit langem gegessen hatten. Es schien, daß er alles mit Bedacht tat. Ein Blick in die Speisekammer, ein ausgebautes Kellerloch mit kleinen Regalen, in das er durch eine Falltür hinuntersprang, bestätigte den Eindruck nur noch. Er hatte Senf und Ketchup heraufgeholt, und da das Ganze nicht sehr groß war, so daß sein Kopf noch herausschaute, ließ sich die überlegte Ordnung leicht erkennen.

Wir unterhielten uns über den geplanten Bau eines Großhotels am verwilderten Teil des Seeufers, den niemand außer dem Gemeinderat zu wollen schien, und es gab einiges zu lachen, als er von den Schildbürgerstreichen, die im Verlauf der Projektierung passiert waren, erzählte. Für mich war das unterhaltsamer als für meinen Mann, kannte ich doch die meisten, von denen die Rede war, von Jugend an. Doch jedes Mal, bevor er sich selber auf die Schenkel schlug, war da jener eigentümliche Blick, so als lausche er mit den Augen. Er schien sich zu fragen, ob wir ihn verstanden hätten, und nicht umgekehrt. Der Verlust des Gehörs hatte ihn zu einer enormen Anstrengung vermocht, hatte einen anderen Menschen aus ihm gemacht oder, besser gesagt, den in ihm verborgenen Menschen zum Vorschein gebracht.

All die Gesuche, die er schrieb, die Veranstaltungen, die er organisierte, um die Bedeutung der Selbsthilfe ins rechte Licht zu rücken – niemand im Dorf hätte ihm das zugetraut; ich am allerwenigsten. Auch hatte er zu fotografieren begonnen, von der Stille seiner Hütte aus, immer weiter in die Landschaft hinein. Sein Blickwinkel ließ einen so manches sehen, was man sonst vielleicht gar nicht bemerkt hätte, und er besaß ein gutes Gespür für Stimmungen. Aus einigen seiner Bilder war ein Buch geworden, dessen Reinerlös ebenfalls den Cochlear-Patienten zugute kommen sollte. Und manchmal, wenn ich ihn geschäftig durch den Ort traben sah, fiel es mir schwer, mich an den stämmigen jungen Mann zu erinnern, der er einmal gewesen war und dem das Bier gelegentlich auch noch aus den Augen zu dunsten schien.

»Was die Frauen angeht«, er lachte verschmitzt, »bin ich mehr und mehr fürs Vorübergehende. Nur keine dauerhaften Verhältnisse mehr.« Wir lachten mit ihm, und als wir auch noch das nächste Stück Fleisch gegessen hatten – fürsorglich hatte er zwei für jeden gebraten –, schien plötzlich die Abendsonne. Da sah das Fenster mit einemmal ungeputzt aus, und das Innere der Hütte wurde sehr klein. Wir nahmen unsere Biergläser und traten ans Geländer hinaus. Er werde heuer wieder bei einem Konzert auf der Seeterrasse spielen, die Jungen hätten ihn so gebeten darum, und den Jungen könne er einfach nichts abschlagen.

Mein Mann machte sich auf den Weg zum Zinkenblick. Er wollte ihn sich keinesfalls entgehen lassen, und so blieben wir beide allein an dem Geländer zurück. Der Gipfel des vor uns liegenden Berges, der einer hohen Krone glich, färbte sich wie das Laub des Feldahorns, während die Alm und das Wirtshaus in einen bläulichen Schatten zurückfielen. Da erklärte er, daß er noch üben müsse, und holte die Posaune aus der Hütte.

»Was glaubst du, warum wir früher bei der Salinenmusik so viele Bläser hatten?« Da war wieder dieser bestimmte Blick. Ich schüttelte den Kopf, ohne etwas zu sagen. »Weil sie für die Musikprobe frei bekommen haben. Die meisten konnten ohnehin nicht mehr als zwei, drei Töne blasen, und wenn wir beim Platzkonzert aufspielten, saßen sie einfach da in ihren eleganten schwarzen Uniformen mit den weißen Federbüschen auf dem Bergmannshut und machten nur alle heiligen Zeiten einmal düt. Ich bin immerhin in der Musikschule gewesen.« Er schaltete sein Kästchen aus und brachte die Posaune in Anschlag.

»Du mußt es mir sagen, wenn ich einen falschen Ton blase. Stoß mich!« Dann setzte er das Mundstück ein und blies eine Art Zapfenstreich zu dem Wirtshaus hinunter, von dem gedämpftes Juchzen heraufdrang. Und obwohl mir die Abfolge der Töne nicht immer ganz geheuer war, stieß ich ihn nicht. Weder kannte ich das Stück, das er üben mußte, noch habe ich überhaupt so etwas wie ein musikalisches Gehör.

Madison Smartt Bell

Irene

Irene – ach, es ist eigentlich nahezu immer unmöglich, direkt zur Sache zu kommen. Ich will damit sagen, daß ich wahrscheinlich wieder einen längeren Abschnitt meiner eigenen, eintönigen Lebensgeschichte abhandeln muß, ehe ich irgend etwas Vernünftiges über Irene ausführen kann, wenn überhaupt. Aber vielleicht ist das gar nicht so schlecht, wenn man darüber nachdenkt. Es ist so eine Sache mit Sachen. Diese Bleistiftspitze zum Beispiel wird ja auch erst zur Spitze, wenn man zumindest einen Teil des Bleistifts dazunimmt. Eine Bleistiftspitze ohne Bleistift ist eigentlich gar keine, ist gewissermaßen ohne Pointe. Es sei denn, man betrachtet den Punkt, den eine Bleistiftspitze auf dem Papier macht, als Pointe. In diesem Falle könnte man sagen, daß die Pointe, also der Punkt bzw. die Spitze, unabhängig von ihrer eigenen Entstehung wahrgenommen wird, was aber insofern widerlegt werden könnte, als die Bleistiftspitze auch dann noch weiterexistiert, wenn der Punkt gemacht worden ist, was beweist, daß es unzulässig ist, den Punkt mit der Spitze zu identifizieren. Aber diese ganze Geschichte mit Bleistiften, Punkten und Spitzen führt wohl nicht weiter. Man erfährt dabei nichts von Irene und von mir auch nicht gerade sehr viel, obwohl der aufmerksame Leser vielleicht zu dem Schluß kommt, daß ich irgendwann im Laufe meiner Karriere einige Zeit mit der Lektüre gewisser Philosophen verbracht habe, die auf möglichst lächerliche Weise die absurdesten Dinge zu beweisen versuchten. Was tatsächlich zutrifft.

Zu einer bestimmten Zeit meines Lebens wohnte ich einige Monate lang in der Stadt Newark. Was ich davor getan habe, ist wahrscheinlich mehr vom Bleistift, als irgend jemanden interessiert. Ich war aber, wenn ich mit dem Zug oder auf dem New Jersey Turnpike unterwegs war, auch vorher schon mehrfach durch Newark gekommen. Der Anblick vom New Jersey Turnpike aus (zwischen New York und Franklin Park) ist wirklich unglaublich. Man kann es nicht fassen, was Menschenhand schaffen kann. Die Gegend wäre vollkommen flach, wenn man sie sähe, aber da man keine sehen kann, gibt es auch keine Beweise dafür, daß eine da ist. Auf beiden Seiten des Highway erstreckt sich bis zur Sichtgrenze ein äußerst komplizierter Dschungel großtechnischer Anlagen. Ich habe bis zum heutigen Tag keine Ahnung, wozu das meiste von dem Zeug gut ist. Manches davon hat, glaube ich, mit den Ölraffinerien zu tun, es sind jedenfalls immer viele fleißige Schornsteine mit rätselhaften Flammen und Aureolen zu sehen. Am Tage durch diese Zone zu fahren ist häufig leicht deprimierend. Gegen Sonnenuntergang gewinnt sie eine geisterhafte Schönheit; fremde, unerklärliche Strukturen beherrschen den Horizont und gestalten die Farben des Abends nach ihrem eigenen, unbekannten System, so daß der Betrachter den Eindruck gewinnt, er sei in eine majestätische neue Schöpfung geraten, die mit seiner eigenen gar nichts zu tun hat. Nachts ist es ein Weg durch die Hölle: Rauch, Dampf, Lichter und Flammen, aber nichts auch nur entfernt Menschliches. Nie käme man auf den Gedanken, daß Menschen hier leben. Dennoch wohnen hier eine Menge Leute.

Eines Tages wachte ich auf und hatte das Gefühl, es sei an der Zeit, eine radikale Veränderung vorzunehmen. Ohne zu packen oder irgend jemandem etwas zu sagen, ging ich zum Bahnhof und setzte mich in einen Zug. Eine Fahrkarte brauchte ich mir nicht zu kaufen, weil ich eine Monatskarte hatte; darüber, daß ich einschlief, wunderte der Schaffner sich auch nicht, denn das war so eine Gewohnheit von mir. Ein ungewöhnlich heftiger Ruck beim Anhalten weckte mich auf, ich stieg aus, ging die Straße zum Bahnhof hinunter und hielt Ausschau nach Schildern, auf denen stand: Zu vermieten. Ich hatte mein Scheckbuch dabei, und als ich eine geeignete Wohnung gefunden hatte, konnte ich gleich eine Anzahlung machen. Um den Mietvertrag zu unterschreiben, mußte ich allerdings meine künftige Nachbarschaft zunächst einmal wieder verlassen und das Büro eines Maklers aufsuchen. Nachdem ich den Vertrag unterschrieben und den Scheck ausgestellt hatte, fragte ich den Makler beiläufig, in welcher Stadt ich eigentlich sei. Auf diese Weise stellte ich fest, daß Newark mein künftiger Wohnort sein würde. Ich blieb über Nacht in der leeren Wohnung, um mich daran zu gewöhnen, und kehrte am nächsten Tag noch einmal in meine frühere Wohnung zurück, um meine Habseligkeiten zu holen.

Diese Geschichte, wie ich nach Newark kam, ist natürlich ebenso unwahrscheinlich wie falsch. In Wahrheit war alles ganz anders: Eines Tages hatte ich das dringende Gefühl, daß ich eine entscheidende Änderung in meinen Lebensumständen herbeiführen müßte. Was ich aber genau tun sollte, wußte ich nicht. Also beschloß ich, das Orakel zu befragen, nach einer bewährten Methode: Ich suchte mir ein Buch aus, schlug es willkürlich auf und folgte der Anregung, die der zufällig aufgeschlagene Absatz mir gab. Das Buch, das ich wählte, war ›Die Sprache der Vögel‹ von Farid od-Din Attar, ein Buch, das ich erst einen Tag vorher gekauft hatte. Ich balancierte es auf dem Rücken und ließ es dann auf den Tisch fallen. Da es völlig neu war, kippte das Buch natürlich einfach nur um. Leicht verärgert schlug ich es irgendwo auf und fing an zu lesen. Was ich las, war folgendes:

> Wer in Frieden leben will, muß in den Ruinen wohnen wie die Narren.

Ich dachte augenblicklich an Newark. Ich fuhr mit dem Zug hin (mein Auto hatte ich vor kurzem verkauft) und sah mich in der Nähe des Bahnhofs so lange um, bis ich eine sehr billige Wohnung gefunden hatte. Ich blieb über Nacht und holte dann die Sachen, die ich im Verlaufe meines bisherigen Lebens angesammelt hatte. Es handelte sich im wesentlichen um Bücher und Schallplatten; alle wirklich nützlichen Dinge mußte ich kaufen.

Am Anfang schien die grundlegende Veränderung sich sehr zu bewähren, jedenfalls hatte ich jetzt keinerlei Probleme mehr mit den Dingen, die mich zuvor so geplagt hatten. Ich kaufte mir ein paar Töpfe und Pfannen und brachte mir bei, ein paar einfache Sachen zu kochen. Das machte mich zehn Tage lang absolut glücklich. Ich hatte noch nie zuvor selbst gekocht (Scharfsinnige werden daraus ohne weiteres schließen, daß es in meiner Vergangenheit Mütter und andere Frauen und vielleicht auch gewisse Anstalten gab), und die neue Beschäftigung absorbierte mich völlig. Außerdem war ich in diesen ersten Tagen meines Aufenthalts in Newark ungeheuer stolz auf meine Wohnung. Es war zwar eine ganz gewöhnliche Wohnung, aber sie hatte doch eine Besonderheit. Sie lag im zweiten Stock, und wenn man die schmutzige Treppe hinter sich hatte, betrat man sie durch die Küche. Der Rest der Wohnung war nicht viel mehr als ein langer, rechteckiger Raum mit einer hohen Decke, cremefarbenen Wänden mit rissigem Putz und vier Schiebefenstern, die zur Straße hinausgingen. Die Besonderheit war, daß der Raum durch zwei hohe hölzerne Säulen, die vom Boden bis zur Decke reichten, gewissermaßen zweigeteilt wurde und also aus zwei Zimmern bestand. Die Säulen waren braun gestrichen und hatten geschnitzte korinthische Kapitelle. Irgendeine Funktion hatten sie nicht, aber sie gefielen mir ungeheuer. Manchmal war ich regelrecht eingebildet darauf.

Mein gewöhnliches Leben mit Kochen und Essen und so fand vor den Säulen statt, in der Nähe der Küche. Meine sämtlichen Möbel standen in diesem Bereich. Eigentlich hatte ich gar keine Möbel, aber der Vormieter hatte netterweise einen Tisch, einen Stuhl, zwei Schränke in ziemlich schlechter Verfassung und eine riesige Truhe zurückgelassen, die unter dem Fenster gegenüber der Küchentür stand. Die Truhe war voll, und der Makler hatte mir gesagt, sie würde noch abgeholt. Was drin war, wußte ich nicht. Sie wurde zwar nie abgeholt, aber reingesehen habe ich auch nie.

Jenseits der Säulen war der Raum leer, er sah aber nicht nur geräumig, sondern oft sogar großzügig aus. Ich erlaubte mir, jenseits der Säulen zu schlafen. Ich legte mich dazu auf eine Schaumstoffmatratze, die ich zuvor nur zum Camping benutzt hatte. Es war reiner Zufall, daß ich die Matratze noch hatte; ich hatte mich im letzten Augenblick daran erinnert, als ich mein Auto verkaufte. Gerade, als ich die Schlüssel übergeben wollte, fiel mir ein, ich könnte noch mal im Kofferraum nachsehen, und da fand ich die Schaumstoffmatratze und noch ein paar andere Sachen, die ich vergessen hatte. Ich rollte die Matratze zusammen und nahm sie unter den Arm; sie bildete ein kompaktes Bündel. In Newark breitete ich die Matratze jede Nacht aufs neue aus, um darauf schlafen zu können, rollte sie aber am Morgen wieder zusammen, um die geheiligte Leere jenseits der Säulen zu wahren.

Ich war sehr heikel mit meiner Wohnung, wusch jeden Teller gleich ab, wenn ich mit dem Essen fertig war, und so weiter. Die Wohnung richtig sauber zu halten war aber nicht möglich, weil es Sommer war und die Fenster offen sein mußten. Ein öliger schwarzer Staub wehte von draußen herein und bedeckte sämtliche Flächen. Newark gehört zu einer Region, die im Volksmund Cancer Valley genannt wird. Trotzdem war ich sehr ordentlich. Gleich in den ersten Tagen sortierte ich meine Papiere und warf alles weg, was ich nicht mehr brauchte, und was ich aufheben wollte, ordnete ich. Ich stellte meine Bücher in ein Bücherregal und brachte meine Schallplatten in alphabetische Ordnung. Ohne in das Gebiet jenseits der Säulen einzudringen, arrangierte ich alles so, daß der bewohnte Bereich, der nicht allzu groß war, nicht überfüllt wirkte. Anschließend stellte ich mich in die Mitte des Raumes oder hinter die Säulen und bewunderte das Ergebnis meiner Bemühungen. Dann kochte ich, wusch das Geschirr ab und fegte den Boden. Ich benahm mich immer so, als erwartete ich jemanden und bereitete die Wohnung auf diesen Besuch vor. In Wahrheit wurde natürlich niemand erwartet. Ich war in meinen Gefühlen gekränkt worden, nicht nur einmal, sondern gleich mehrfach, und hatte beleidigt beschlossen, vor meinen Freunden davonzulaufen, und deshalb kam niemand vorbei.

Ich war nicht allzu deprimiert über diese erzwungene Isolation, im Gegenteil, ich war fest überzeugt, daß sie sehr gut für mich sei. Ich hatte damals viele törichte Überzeugungen, unter anderem die, daß Einsamkeit und Leiden und so weiter gewaltige schöpferische Impulse freisetzen müßten. Ich dachte, eines gar nicht allzu fernen Tages würde ich in den freien Raum jenseits der Säulen vorstoßen und ein Buch schreiben, das die Welt in Erstaunen versetzte, Musik komponieren, die sie zu Tränen rührte, oder eine so vollkommene Philosophie entwerfen, daß die Welt sich verstünde. Ich hatte die Absicht, mehrere Sprachen und Saxophon spielen zu lernen (obwohl ich gar kein Saxophon hatte). Stundenlang ging ich voller Energie in der leeren Wohnungshälfte auf und ab, völlig berauscht von den Visionen meines künftigen Ruhms. Sonst machte ich gar nichts.

Zu etwas Konkretem konnte ich mich schon deshalb nicht aufraffen, weil das meine Vorstellungen von wahrer Größe gestört hätte. Ich war einfach nicht dazu in der Lage, in meinem ordentlichen Bücherregal ein bestimmtes Buch auszuwählen. Das Kochen und Essen begann mich zu langweilen (darauf zu verzichten, konnte ich mir aber nicht leisten), und schließlich kam ich zu dem Ergebnis, daß ich unter Klaustrophobie litt. Ich fing an, Spaziergänge zu machen.

In der Tür am unteren Ende des dunklen Treppenhauses war in vergangenen, glücklicheren Tagen mal eine Scheibe gewesen. Als ich dahinter wohnte, war von dem Glas nichts mehr da, und um den Eingang zu sichern, hatte jemand von außen eine Hartfaserplatte auf die Tür genagelt. In die Platte wiederum war ein senkrechter Schlitz gesägt worden, damit man die Post von außen einwerfen konnte. Der Bürgersteig war mit Scherben bedeckt. Es gab auch anderen Abfall, aber die Glasscherben waren insgesamt vorherrschend. Die Außenseite der Hartfaserplatte war grün gestrichen, aber bei feuchtem Wetter zeigte das Grün eine deutliche Neigung, auf meine Hand abzufärben. Die Tür hing ziemlich lose im Rahmen, so daß ich sie immer eine Weile vor- und zurückschieben mußte, ehe ich abschließen konnte. Dann ging ich die Straße hinunter.

Die ganze Gegend wurde ausschließlich von Puertoricanern bewohnt, wenn man von mir einmal absah. Von einem Slum zu sprechen, wäre nicht ganz unberechtigt gewesen. Der Wohnungsmakler hatte von einer »netten, familiären Umgebung« gesprochen, was eine völlige Verschwendung seiner betrügerischen Fähigkeiten genannt werden muß, denn ich hatte die Wohnung ja gesehen. »Familiär« war die Gegend tatsächlich, aber die Familien waren sehr arm und wohnten in engen, überfüllten Wohnungen. Die Gegend war aber relativ sicher.

Ich entfernte mich weit von meinem eigenen Block auf meinen Spaziergängen und versuchte, mir die Straßennamen zu merken. Ich hatte immer das Gefühl, ich hätte etwas geleistet, wenn Kreuzungen mir allmählich vertraut wurden, wenn ich weit herumschweifen und wieder heimfinden konnte, ohne mich zu verlaufen. Ich starrte Leute und Gegenden an, als ob ich noch nie dergleichen gesehen hätte, was ja auch zutraf. Die Straßen waren immer voll von Leuten, die offenbar nichts anderes zu tun hatten, als Flaschen an die Wände zu werfen und Spanisch zu reden. Überall liefen kleine Kinder herum, die hinfielen, losbrüllten, dann wieder aufstanden. Die Frauen schienen mehr Arbeit zu haben, ich sah sie häufiger in den Fenstern als auf der Straße. Junge Mädchen sah ich fast nie. Irgendein Flirt wäre zwar viel zu gefährlich gewesen, als daß man auch nur darüber hätte nachdenken dürfen. Aber trotzdem wäre es nett gewesen, gelegentlich mal ein junges Mädchen zu sehen. Aber bald dachte ich über die Leute nicht mehr viel nach; die Sprache verstand ich nicht, und die Dinge, die ich sie tun sah, waren immer dieselben.

Gegenstände fesselten meine Aufmerksamkeit etwas länger. In einer Straße war zum Beispiel ein Laden, auf dessen Dach ein Dobermann frei herumlief, ein verblüffender Anblick, an den ich mich nie ganz gewöhnte. Nachts glitzerte das Glas auf den Straßen wie etwas, wovon man träumt. Schräg einfallendes Sonnenlicht am Morgen oder am Abend erfaßte gelegentlich die Dächer der Häuserblöcke und zog meine Aufmerksamkeit über lange, nicht zu messende Entfernungen an sich, das gleiche galt für gewisse Einblicke in Hauseingänge und Türen. Es stellte sich heraus, daß manche zerfallenden Mauern unendlich viele Farben enthielten. Der Satz, den ich bei Farid od-Din Attar gelesen hatte, wurde mir dadurch wieder lebendig. Was mir die Ruinen verschafften, war allerdings nicht wirklich Frieden, sondern eine ungewohnte Erregung, die unendliche Erwartungen weckte und nach einiger Zeit natürlich enttäuschte. Es kam der Tag, an dem mir nichts mehr neu erschien, was ich sah, und danach wurden die Spaziergänge selten. Es ist zwar theoretisch vollkommen richtig, daß Langeweile nicht auf irgendeiner Reduktion der Außenwelt, sondern auf der Abstumpfung unserer Wahrnehmungsfähigkeit beruht. Aber Langeweile bleibt trotzdem langweilig.

Als die Spaziergänge ihren Reiz eingebüßt hatten, verbrachte ich meine Zeit zum größten Teil damit, auf der Truhe am Fenster zu sitzen. Ich verteidigte mich gegen einen imaginären Ankläger, rechtfertigte meine Arbeitslosigkeit, Trägheit und Untätigkeit mit der Behauptung, ich sei dabei, zahllose Eindrücke aus meiner Umgebung zu absorbieren, und mein Unterbewußtsein sei sehr aktiv, auch wenn mein Bewußtsein es nicht sei. Auf diese Weise versuchte ich, mich auch weiterhin davon zu überzeugen, daß ich irgendwie tugendhaft sei, obwohl ich mir sogar eins meiner Beine damit ruinierte, daß ich auf der Truhe herumhockte und das Knie dabei abknickte. Wenn ich jetzt aufstand, humpelte ich. Manchmal überzeugten mich die Argumente, die ich zu meiner Verteidigung vorbrachte; oft genug aber blieb es bei meinem Verdacht, daß ich lediglich gelangweilt zum Fenster hinausstarrte.

Die Aussicht wurde mir so vertraut, daß sie sogar jetzt noch manchmal vor mir an der Decke erscheint, wenn ich irgendwo im Dunkeln aufwache und nicht weiß, wo ich bin. Ein hohes Miethaus steht auf der anderen Seite der Straße, es reicht links bis zur Ecke. Aus einer normalen sitzenden Position auf der Truhe kann ich das Dach des Hauses nicht sehen. Sehen kann ich, daß das Erdgeschoß in einer undefinierbaren Farbe gestrichen ist, während die oberen Stockwerke die natürlichen Schattierungen verrußter Ziegel aufweisen. An der Ecke ist ein großes weißes Schild mit roten Buchstaben. Auf dem Schild steht JOYERIA RAMIREZ. Darunter ist ein eisernes Gitter, das eine Panzerglasscheibe beschützt. Das Gitter wird nie hochgezogen, denn der Laden ist für immer geschlossen. Rechts davon sind zwei Reklameflächen. Auf der einen ist ein Plakat mit einem stark vergrößerten Foto, das zwei Zigarettenpackungen zeigt. Die Warnungen vor den gesundheitsschädlichen Folgen des Rauchens sind auf beiden deutlich zu lesen. Unter den beiden Päckchen (aber immer noch auf dem Plakat) ist eine Zeichnung zu sehen, die Neonlichtröhren darstellen soll. Die Neonlichtröhren bilden eine brennende Zigarette. Der gemalte Neonlichtrauch der Neonlichtzigarette ist grün, er steigt säuberlich am Rand des Plakats auf und bildet am Schluß einen Schriftzug: *Salem Lights*. Die andere Plakatwand wird zur Hälfte von einem Foto eingenommen, das eine spanische Familie zeigt: Papa, Mama, ein kleines Mädchen und jemand, der die Großmutter sein könnte. Alle diese Leute sind gut gekleidet und lächeln unschuldig. Obwohl das Foto sehr dicht komponiert ist, hat man den Eindruck, daß sie auf den Stufen eines Einfamilienhauses in einem netten Wohnviertel stehen. Auf der rechten Seite dieser Plakatwand steht auf olivgrünem Grund in weißer Schrift*: »Alcanzalos con tu carino.«* Unter diesem Satz ist eine kleine weiße Glocke in einem kleinen weißen Mandala zu sehen, das Markenzeichen der Telefongesellschaft. Ich weiß nicht, was der Satz bedeutet, aber ich gehe davon aus, daß es sich im wesentlichen um die Aufforderung handelt, für Telefongespräche mehr Geld auszugeben. Neben dieser Werbefläche ist eine leere Stelle an der Wand, die jemand mit hingesprühten Slogans zu füllen versucht hat. Die Buchstaben sind aber sehr undeutlich; ich glaube, sie sind übermalt worden und dann trotzdem wieder zum Vorschein gekommen. Dann kommen die Stufen, die in den Hauseingang führen; wenn das Licht richtig steht, kann ich sogar noch ein Stück vom Geländer erkennen. Dann kommt der schmutzige Rahmen meines eigenen Fensters. Nichts davon hat sich jemals geändert, und jetzt kann es sich auch nicht mehr ändern für mich. Was sich veränderte, waren die Autos, die in der Straße geparkt waren, die Leute auf dem Bürgersteig und die Gesichter, die gelegentlich in den Fenstern der oberen Stockwerke auftauchten.

Es scheint, daß unsere Aufmerksamkeit selektiv ist, auch wenn es keinen Grund dafür gibt; jedenfalls stellte ich fest, daß ich ein Fenster im ersten Stock des gegenüberliegenden Hauses häufiger als andere beobachtete. In diesem Fenster konnte ich oft eine fette, fröhliche Frau sehen, die ihre Arme aufs Fensterbrett stützte, auf den Bürgersteig spuckte und eine Weile die Straße hinauf- und hinuntersah. Sie schien von Natur aus freundlich zu sein, und wenn sie mich am gegenüberliegenden Fenster sitzen sah, lächelte sie, winkte, rief irgend etwas auf Spanisch und lachte dann, weil ich offensichtlich kein Wort verstand. Manchmal erschien auch ein Mann neben ihr im

Fenster, ein schnurrbärtiger, untersetzter Typ, der zwar wesentlich jünger aussah, aber doch wohl ihr Mann war. Auf dem Bürgersteig unter den Fenstern waren immer viele Kinder, die ständig zwischen der Haustür und dem Hydranten unterwegs waren, der an der Ecke sprudelte. Ferner gab es sieben oder acht junge Männer, die den Block hinauf- und hinunterpendelten, Gruppen bildeten und sich dann wieder trennten. Sie redeten und schrien, so schien mir, aus bloßer Freude am Lärm, und wenn ein Betrunkener die Straße herunterkam, sangen sie ihm manchmal ein Lied hinterher. Die Autos auf der Straße gehörten ihnen, so schien es, sie nahmen sie auseinander, setzten sich hinein und fuhren manchmal für kurze Zeit weg, aber nie für länger oder für immer. Sie kamen zurück, manchmal spät in der Nacht, knallten die Wagentüren laut zu, rauchten Zigaretten und ließen ihre Radios dröhnen, führten Scheinkämpfe vor oder lauerten an den Straßenecken, als stünden sie Schmiere. Und bei alledem wirkten sie immer ein klein bißchen bedrohlich. Im Laufe der Zeit konnte ich sie alle recht gut unterscheiden. Müßig begann ich darüber zu spekulieren, wovon sie wohl lebten und was sie so machten, aber natürlich hatte ich keinerlei Möglichkeiten, wirklich irgendwas über sie zu erfahren.

Eines Abends war ein großes Geschrei, als ich

um die Ecke kam, was meine Aufmerksamkeit aber nicht auf sich zog, denn in meiner Straße war immer ein großes Geschrei, und mit mir hatte es nie was zu tun. Aber diesmal hörte es gar nicht mehr auf und wurde immer noch lauter, also warf ich einen Blick zum Eingang des gegenüberliegenden Hauses hinüber und sah mindestens ein Dutzend Hände in der Luft, die wie kleine, weiße Fahnen geschwenkt wurden. »Komm doch mal rüber, komm rüber«, schienen die Leute zu sagen. Also ging ich hinüber. Viele Leute waren auf der Treppe versammelt, alle, die ich vom Fenster zu sehen gewohnt war. Alle lächelten und lachten und redeten auf mich ein, und um guten Willen zu zeigen, fing ich auch an zu lächeln, aber da ich kein Spanisch verstand, hatte ich trotzdem keine Ahnung, was los war.

Der untersetzte Mann mit dem Schnurrbart begann in gebrochenem Englisch mit mir zu reden. Er zeigte auf einen der jungen Männer auf der Treppe und sagte: »Deine Nase gefällt ihm. Er möchte dir seine Mütze verkaufen.« Dann riß er irgend jemand die Mütze vom Kopf und drückte sie mir in die Hand. Ich setzte sie auf und sagte das Unverfänglichste, was mir gerade einfiel. Meine Bemerkung wurde ins Spanische übersetzt und rief erhebliches Gelächter hervor. Ich gab die Mütze zurück.

Der Mann zeigte auf jemand anderen und sagte: »Du gefällst ihm, er sagt, du kommen in sein Haus, brauchst nicht zu arbeiten.« Alle lachten. Ich lachte auch. Dann sagte ich etwas, und alle lachten noch einmal. So ging es eine Weile lang weiter. Ich setzte mich auf den Bürgersteig und hielt den Kopf unten, nur gelegentlich sah ich auf, um jemanden anzusehen, den man mir zeigte. Aber jedesmal, wenn ich hochsah, waren da so viele blitzende Augen und Zähne, daß ich schnell wieder wegsehen mußte. Ich hatte Schwierigkeiten, meinen Teil zum Gespräch beizusteuern. Es herrschte ein ständiger, unverständlicher Aufruhr. Ich fing an, am guten Willen des Dolmetschers zu zweifeln. Ich hatte das Gefühl, daß man mir einen Streich spielen wollte. Die Sache fing an, mir peinlich zu werden.

Ich verzichtete jetzt darauf, meine Augen ganz bis zu den Gesichtern der Leute zu heben, und bei einer dieser nur noch angedeuteten Kopfbewegungen fiel mein Blick auf ein Gesicht, das zu jemandem im Hintergrund gehörte. Zwischen den Schultern von anderen Leuten sah ich zarte, beinahe schöne Gesichtszüge, langes schwarzes Haar und leuchtende braune Augen, deren Blick ich weniger als eine Sekunde lang auffing. Irenes Augen, so schien mir, leuchteten voller Intelligenz und Sympathie, allerdings auch voller Amüsement, wie ich zugeben muß. Ich hatte sie noch nie zuvor gesehen, und daß sie sich so gut amüsierte, schien darauf hinzuweisen, daß sie kaum je aus dem Haus kam und nur wenig Unterhaltung hatte. Ich wandte den Blick sofort wieder ab, obwohl ich sie nur allzugern angestarrt hätte, denn ich fürchtete, das würde zumindest noch schlimmere Neckereien hervorrufen, wenn nicht gar ein ernsthaftes Mißverständnis entstand. Es hätte mir aber nichts ausgemacht, den Clown für Irene zu machen, wenn sie mich wirklich so komisch fand. Sie war irgendwie anders als die anderen jungen Leute, die den ganzen Tag wie große, faule Katzen auf der Straße herumlungerten, alles langweilig fanden und mich auch sehr bald langweilig finden würden.

Der untersetzte Mann hatte jetzt angefangen, abgelegte Kleidungsstücke von einem in der Nähe befindlichen Abfallhaufen zu holen und mir in die Tasche zu stopfen. Ich wußte, daß es Zeit war zu gehen. Ich stand auf, klopfte mir den Staub von den Hosen (das war wieder sehr komisch) und zog mich dann unter Verbeugungen lächelnd und winkend über die Straße zurück. Ich fummelte meinen Schlüssel ins Schloß, ging durch die Tür und blieb dahinter im dunklen Flur stehen. Ich konnte sie auf der Straße immer noch hören, durch das Fenster über der Tür, das auch etwas Licht hereinließ. Ein paar Häuser weiter hörte man Salsa-Musik und splitterndes Glas. Weit weg und in anderer Richtung quälte eine Sirene sich über den Highway. Immer wenn ich danach am Fenster saß, hielt ich Ausschau nach Irene.

Irene war sicher nicht älter als zwölf, aber sie besaß eine ungewöhnliche innere Ruhe. Außerdem hatte sie herrliche Haare. Jede andere Frau wäre stolz auf diese Haare gewesen, aber Irene wußte vermutlich gar nicht, daß sie überhaupt da waren. Dick und schwer, lang, schwarz und glänzend waren Irenes Haare. In offenem Zustand gingen sie bis über die Schultern, aber meist trug sie einen Pferdeschwanz oder Zopf. Irenes Haltung war ausgezeichnet, sie bewegte sich mit der Würde eines stillen, vornehmen Kindes. Ihr Körper hatte auch schon etwas Unbeholfenes und Fremdes, eine Ahnung von dem, was er einmal sein würde. Ihr Gesicht sah ich selten; sie lächelte mir zwar gelegentlich zu, aber immer nur aus der Entfernung. Sie hielt mich wahrscheinlich für ziemlich merkwürdig. Ich weiß aber, daß ihr Gesicht nicht erst schön werden wollte, sondern jetzt schon schön war; das Gesicht war mindestens zehn Jahre älter als der Rest von Irene.

Es wäre natürlich ein leichtes zu sagen, daß ihre Nase gerade und ihr Kinn kräftig, aber nicht zu kräftig war, aber dergleichen will ich uns lieber ersparen; man kann ein schönes Gesicht nicht beschreiben, und es ist besser, wenn man's auch gar nicht versucht. Sonst verheddert man sich bloß in irgendwelchen lächerlichen Vergleichen, die den

Sachverhalt nur verschleiern. Außerdem war ich meistens sowieso zu weit weg, um irgendwas Genaueres sehen zu können. Im Fenster auf der anderen Straßenseite sah ich etwa folgendes: Irenes Haar, das erstaunlich weit über die dunklen Ziegel herabfiel, ihre keineswegs mehr kindlich gekrümmte Wange, die zu einem unsichtbaren Fenster weiter oben hinaufzeigte. Die wird mal eine Herzensbrecherin, sagte ich mir im stillen. Ehe wir auch nur einen einzigen Satz gewechselt hatten, verliebte ich mich in sie.

Wir haben nämlich später tatsächlich verschiedene Sätze gewechselt. Irene sprach perfektes Englisch, so schien es, wenn auch ein bißchen langsam. Eines Morgens saß ich bei mir auf der Türschwelle, trank eine Tasse Kaffee und rieb mir die Augen. Irenes Mutter schickte sie über die Straße, um mir eine Frage zu stellen. Irene stellte sich vor mich hin und fragte: »Glauben Sie, daß Sie noch lange hier wohnen?« Offensichtlich gab es da einen Cousin, dessen Frau schwanger war, und der hätte die Wohnung gerne gehabt ... Ich wußte zwar nicht, wann ich ausziehen würde, aber ich sagte Irene, ich würde, wenn es soweit wäre, Bescheid sagen. Irene ging wieder über die Straße zurück und verschwand in der Tür.

Das nächste Mal, als ich sie sah, fragte ich sie etwas: »Wo kann man hier Eier am billigsten kaufen?« Irene verschwand, um mit ihrer Mutter zu sprechen, und kehrte dann wieder zurück. Die billigsten Eier kriegte man in der Vierten Straße, in der Bodega neben dem Fischmarkt. Ich hätte das Gespräch gerne verlängert, aber Irene ging bereits wieder sehr gerade über die Straße, wich ihren acht Brüdern aus, die auf dem gegenüberliegenden Bürgersteig herumlungerten, und verschwand.

Ich versuchte mir vorzustellen, was sie im Haus machte: Als brave Tochter stand sie morgens bestimmt als erste auf, kochte süßen, heißen, klebrigen Kaffee, beseitigte das schmutzige Geschirr, wickelte das Baby, half den jüngsten Geschwistern beim Anziehen und ließ sie durchs Zimmer kreiseln wie aufgezogene Spielzeuge. Sie würde die Kleinen auch dann noch im Auge behalten, wenn sie mit dem Baby einen Augenblick ans Fenster kam und vielleicht auch einen Blick zu mir herüberwarf, lächelte und wieder verschwand. Am Vormittag sah ich sie einkaufen gehen, erst im Lebensmittelladen und auf dem Rückweg beim Bäcker, und dann wieder mit den braunen Tüten im Arm in der Haustür verschwinden. Später würde sie dann höchstens noch mal aus der Tür gerannt kommen, um ein Kind wieder einzufangen, das sich zu weit entfernt hatte. Ich dachte an ihre Verantwortung. Ich stellte mir vor, wie sie die Wäscheleine spannte und wieder einholte, den größten Teil des Abendessens kochte und das gesamte Geschirr spülte. Abends sah man sie selten, und ich stellte mir vor, daß sich Irene längst schlafen gelegt hatte, wenn ihre Brüder an der Ecke erst richtig wach wurden. Wahrscheinlich lag sie auf ihrer Matratze und träumte von Dingen, die ihr nie in den Sinn gekommen wären, solange sie wach war.

Schließlich wurde mir bewußt, daß ich Irene einfach zu mir an die Tür rufen und ihr sagen konnte, sie solle ihre Mutter fragen, ob sie mich heiraten dürfe. Der Altersunterschied war zwar beträchtlich, aber ich dachte mir, daß die Vorstellung in einer katholischen, konservativen Kultur keineswegs völlig abwegig sein mußte. Irene wäre sicher sehr glücklich gewesen; sie hätte ja nicht weit von zu Hause wegmüssen. Ich würde ihr beibringen, Bücher zu lesen und etwas anderes zu hören als Salsa-Musik. Ich würde ihr beibringen, nicht aus dem Fenster zu spucken (eine bedauerliche Angewohnheit, die sie wohl ihrer nicht ganz idealen Umgebung verdankte). Für Irene würden sich völlig neue Welten eröffnen, und mir gefiel der Gedanke, Gesellschaft und jemand im Hause zu haben, der den Haushaltsritualen irgendwie Sinn gab. Nachts würde ich natürlich nur ihren Pferdeschwanz halten; ich würde nicht im Traum daran denken, mit ihr zu schlafen, ehe sie nicht mindestens sechzehn Jahre alt war. Die Ehe würde auch die Beziehungen zu meinen Nachbarn verbessern; wir würden lernen, unsere Verschiedenheit zu ertragen, und die kleinen Spannungen, die jedesmal auftraten, wenn unsere Wege sich kreuzten, würden verschwinden. Ich ließ die Idee ein paar Tage verweilen.

Dann ruinierte jemand Irene die Haare. Der oder die Betreffende säbelte sie einfach über den Augenbrauen glatt ab, so daß sie mit ihrem Pferdeschwanz zusammen wie eine schlecht geschnittene Fellmütze aussahen. Ihre Anmut wurde dadurch nicht beeinträchtigt, aber zu meinem Heiratsantrag konnte ich mich auch nicht entschließen. Die Idee schien vielmehr auf demselben Weg zu sein wie meine anderen Ideen, und der führte ganz offensichtlich in ein großes, schwarzes Loch. Ich fuhr damit fort, zu kochen, zu essen, spazierenzugehen und gar nichts zu tun.

Ich lernte allerdings, mir mit dem Nichtstun mehr Mühe zu geben: Ich fuhr nach Philadelphia oder New York, um dort nichts zu tun. Ich verbrachte Stunden auf der Bahn und in Bussen und kam spät abends nach Hause. In dieser Phase stellte ich fest, daß Irene inzwischen in meinem Kopf einen Dauerwohnsitz besaß. Ich brauchte nie mehr an sie zu denken, sie saß einfach da in einem Winkel der großen Leere, und wenn ich bei meinem Nichtstun etwas entdeckte, was mich interessierte, machte ich eine entsprechende Bemerkung für sie. Das Irene-Bild gab niemals

Antwort, aber das war mir ganz recht. Wenn ich zu Hause war, hielt ich immer Ausschau nach der richtigen Irene, um das Bild frisch zu halten.

Im Spätsommer kam ich einmal erst mitten in der Nacht nach Hause, aus Philadelphia, glaube ich – es muß sogar schon nach Mitternacht gewesen sein, denn als ich um die Ecke kam, war niemand mehr auf der Straße. Das heißt: Auf den zweiten Blick zeigte sich, daß Irene da war, ganz allein, und das war sehr befremdlich und ungewöhnlich. Sie stand vor ihrem Hauseingang und hielt sich die Hände vors Gesicht, so daß ich dachte, sie unterdrücke gerade ein Gähnen. Als ich näher kam, stellte sich heraus, daß sie weinte. Ich hockte mich neben sie auf die Straße, um herauszufinden, was los war. Aber obwohl ich die verschiedensten Fragen versuchte, erhielt ich nie eine Antwort. Offensichtlich hatte Irene in ihrer Verzweiflung ihr ganzes Englisch vergessen. Sie wollte nicht mit mir reden, und nach Hause gehen wollte sie auch nicht, soviel konnte ich sehen. Schließlich nahm ich eine ihrer Hände von ihrem Gesicht und begann sie über die Straße zu führen. Sie folgte mir, als ob ihr alles egal wäre. Mit der freien Hand rieb sie sich eifrig die Augen und weinte ununterbrochen. An der Tür brauchte ich beide Hände, um das Schloß zu öffnen, aber Irene blieb einfach stehen und wartete. Als ich die Tür offen hatte, folgte sie mir die Treppen hinauf, ohne daß sie geführt werden mußte. Wir gingen durch die Küche, und ich knipste eine Lampe an. Irene ging direkt zum einzigen Stuhl, setzte sich, stemmte ihre Ellenbogen auf den Tisch und fuhr fort zu weinen.

Ich überlegte, was ich ihr Gutes tun könnte, aber ich hatte ihr nicht viel zu sagen. Ich wußte nicht, womit ich sie ablenken könnte. Ich hatte nichts im Hause, was ein Kind interessiert hätte, ich hatte nichts zu essen außer Kartoffeln und Kaffee, nichts zu spielen außer Büchern und Schallplatten. Irene war verschlossen und unerreichbar in ihrem Weinen. Mir fiel nichts ein, was nicht völlig lächerlich und sinnlos gewesen wäre. Ich suchte verzweifelt nach einem Einfall: Was konnte ich zu ihr sagen? Ich kannte keine amüsanten Geschichten. Irene heulte immer weiter und weiter, und ich saß auf meiner Truhe mit dem Rücken zum Fenster und fühlte mich wie ein riesiger, unbeholfener Dummkopf. Die Tränen malten Schmutzspuren auf Irenes Gesicht. Ich fragte mich, was sie wohl über meine Wohnung dachte: auf der einen Seite das ganze intellektuelle Gerümpel, auf der anderen gar nichts. Ob sie sich wohl fragte, was ich mit einem leeren Zimmer in meinem Haus machte? Vielleicht hatte sie noch nie ein leeres Zimmer gesehen. Was hatte ein leeres Zimmer denn auch für einen Sinn? Schließlich hörte Irene ganz von allein auf zu weinen und hob ihren Kopf. Ich holte ein feuchtes Handtuch für sie, damit sie sich damit übers Gesicht wischen konnte. Irene säuberte sich und legte das Handtuch beiseite, gefaltet. Sie stand auf und sah mich erst einen Augenblick an und rasch wieder weg. Ihre Augen verschafften sich einen kurzen Überblick über die Wohnung und verloren dann alles Interesse. Mit ihrer Fassung war offensichtlich auch ihre Schüchternheit wieder da.

»Nun«, sagte ich, etwas ärgerlich. »Geht es dir wieder besser? Brauchst du irgendwas?« Irene schüttelte den Kopf. Sie ging in die Küche. An der Tür blieb sie noch einmal stehen und blickte fragend zurück. »Gute Nacht«, sagte ich, so nett ich nur konnte. »Kopf hoch ... Du kannst jederzeit wieder herkommen, wenn du willst.« Aber ich wußte schon, daß sie das nicht tun würde. Ich hörte ihren leichten Schritt auf der Treppe, und kurz darauf sah ich sie vom Fenster aus auf der Straße. Sie überquerte im kalten Licht der Laternen die Fahrbahn, kühl, aufrecht und ernst, dann verschwand sie im Hauseingang. Ich hatte ein bißchen Kopfweh, so als ob ich geheult hätte. Ich ging hinunter und schloß hinter Irene die Tür zu.

Das alles liegt natürlich schon lange zurück, und in der Nacht, als Irene von ihren rein privaten Sorgen überwältigt wurde, hatte ich schon den größten Teil des Geldes verkocht und verzehrt, das der Verkauf meines Autos mir eingebracht hatte, und ich wußte, daß ich nun endlich doch etwas würde tun müssen. Bald darauf brachte mir einer meiner ziellosen Trips in die umgebenden Städte einen halbwegs brauchbaren Job ein. Daraufhin zog ich aus Newark weg. Im großen und ganzen verbesserten sich meine Verhältnisse. Ich verschrottete meine allzu größenwahnsinnigen Bestrebungen und gab mir mit den anderen ein bißchen mehr Mühe. Aber eins weiß ich: Irene werde ich niemals vergessen. Sie hält in meinem Kopf die Kreuzung zwischen der Wirklichkeit und meinen Phantasien besetzt; ich habe sie niemals richtig kennengelernt und weiß doch genau, daß sie menschlicher ist, als ich jemals sein werde. Irene ist inzwischen längst erwachsen, und ich bin sicher, sie ist auch schon eine Weile verheiratet; vielleicht ist sie schauderhaft fett. Ihr Leben wird völlig von praktischen Zwängen des Tages beherrscht, und sie hat ohne Zweifel vergessen, daß sie jemals ein Kind war, und mit Sicherheit hat sie nie so viel Muße, um sich an jemanden wie mich zu erinnern. Dennoch hoffe ich manchmal, daß Irene gelegentlich, wenn sie eine allzu vertraute, fast schon unsichtbare Straße hinuntergeht oder um eine wohlbekannte Ecke biegt, ganz unverhofft stutzt, ohne zu wissen warum, und daß ich der Grund dafür bin.

Margriet de Moor

Jennifer Winkelman

Eines Nachmittags im Oktober ging ich zum Friseur. Ich spazierte durch die Alleen von B., die Füße im vertrockneten Laub der Kastanien, der Ahorne, und fühlte mich leicht und wohl. Die Sonne warf kupferrote Lichtbündel durch die schweren, bereits wieder sichtbaren Äste der Bäume, die auf dieser Seite der Bahnlinie, wo die Gärten groß und verwahrlost sind, selten beschnitten werden. Die Luft hatte die Art von berauschender Ausdünstung, die einen in die eigene Babyzeit zurückversetzt – Kinderwagen, Garten –, zu der allerersten, beifällig und gerührt gemachten Erfahrung mit den Jahreszeiten. Ich spazierte in blindem Vertrauen dahin. Alles deutete darauf hin, daß die kommende Woche mir bringen würde, wonach ich mich sehnte. Windstille. Auf der Stelle treten. Eine himmlische Leere zwischen dem vergangenen Sommer und dem nahenden Winter. Wir hatten Herbstferien.

Ich bin Englischlehrerin. Schon vierzehn Jahre lang unterrichte ich in der Oberstufe des Athenäums, angenehme Beschäftigung, muß ich zugeben, obwohl nichts von dem, was ich zu sagen habe, ja, rein gar nichts die Neugier der schläfrigen Wesen zu erregen vermag, die in den Bänken vor mir sitzen. Die Sonette von Shakespeare sind fast alle einem jungen Mann gewidmet. Bereitwillig schreiben sie mit, meine Schüler, hier und da blickt einer zu mir auf, ohne Aufmerksamkeit, ohne auch nur zu bemerken, daß mein älter werdendes Gesicht von langem, glänzend schwarzem Haar umrahmt ist. Wer, in Gottes Namen, war Shakespeare?! Mein Haar ist mein ein und alles. Ich weiß genau, daß meine etwas fahlen Augen belebt und die Falten zu beiden Seiten der Nase gemildert werden durch die Extravaganz meines Haars. Solange ich zurückdenken kann, habe ich es lang getragen.

Da waren die Bahnschranken. Ich kam ins Zentrum des Dorfs. Auch hier herrschte trotz der einkaufenden Leute eine Atmosphäre der Ruhe, des Abwartens – eine Katze überquerte mit erhobenem Schwanz den Radweg, ein alter Mann war auf der Caféterrasse eingeschlafen –, summend erreichte ich die Brinklaan, an deren Ende der einzige anständige Friseursalon weit und breit liegt.

Man kennt mich dort. Man weiß, daß man mit mir gar nicht erst über den allerneuesten Schnitt zu reden braucht, über die allerneueste Dauerwelle, die die Haarstruktur so gut wie intakt läßt.

Mein Haar wird nicht abgeschnitten. So zerstreut ich die Ereignisse in meinem Leben auch aufnehme, so unwissend ich bezüglich meiner Vergangenheit, meiner Jugend auch bin, eines steht fest: Ich bin von Natur aus eine langhaarige Frau. Ich stieß die schwere Glastür auf, grüßte und ging zu den Waschbecken im hinteren Teil des Salons.

»Ja«, sagte ich wenig später zu der jungen Friseuse hinter mir. »Glauben Sie's oder glauben Sie's nicht, aber so ist es.« Mein Haar war gewaschen. Ich saß jetzt in der Mitte des Raums, an einer Doppelreihe zusammengestellter Frisiertische, die durch Spiegel voneinander getrennt, aber nicht abgeschirmt waren.

»Die Schulen sind gerade wieder in Gang«, fuhr ich fort, »jeder ist so fit wie sonstwas, und da, bitteschön: eine ganze Woche Ferien!«

Das Mädchen hob vorsichtig meine nassen Haare hoch und drapierte einen Frisierumhang um meine Schultern. »Fahren Sie noch weg?«

»Bestimmt nicht, mein liebes Kind, o nein. Bloß keine Hektik und Rennerei.« Und ich streckte meine Beine aus und schloß die Augen, um mich den kreisenden Fingern auf meinem Schädel, dem Duft von Shampoo, von Haarwasser hinzugeben, irgendwo rauschte ein Fön, irgendwo wurde eines der beiläufigen Gespräche, die für diese Art von Atmosphäre so typisch sind, intim, oberflächlich, durch leises Lachen unterbrochen ...

»... ja ja«, hörte ich, »das weiß ich. Aber ich fahre in einer Woche schon wieder weg.«

»...?«

»Nicht gleich, nein. Erst muß ich in London meinen Mann abholen. Später, noch in diesem Monat, fliegen wir weiter...« Der Fön verstummte. Die Stimme erhielt auf der Stelle ihren vollen Klang. »... Buenos Aires.«

Ich schlug die Augen auf und sah sie. Am Frisiertisch schräg gegenüber beugte sich eine Frau vor, um im Spiegel zu betrachten, was man mit ihr angestellt hatte. Sie mochte etwa so alt sein wie ich, um die Vierzig höchstens, und sie betrachtete sich, fand ich, wie man manche Mütter ihre Kinder betrachten sieht, wehrlos, freundlich staunend; freundlich staunend schien sie die vertrauten strahlend blauen Augen in sich aufzunehmen, den rotgeschminkten Mund, die Linie von Kiefer, Kinn und Nase – sehr fein alles – und die Frisur, die man ihr an diesem Nachmittag gemacht hatte, kurz, flott, blond, und auf einmal, als sie zu lächeln begann und dem Friseur zunickte, der an ihrem Hinterkopf mit einem Handspiegel herummanövrierte, dachte ich, fast erschrocken: Aber die kenne ich! Die kenne ich irgendwoher!

»Kommst du?«

Sie war aufgestanden. Sie hatte ein Kind gerufen, ein Mädchen, das brav neben der Kaffeemaschine gesessen und gemalt hatte. Man half ihr in den Mantel, sie zahlte und verschwand nach einem völlig unpersönlichen Lächeln in meine Richtung mit ihrem Töchterchen nach draußen. Die Brinklaan. Herbstsonne. Eine Frau, die mit ihrem Kind nach Hause spaziert. Verflixt noch mal, wer war das?

»Sagen Sie mal«, wandte ich mich nach einer Pause an die Friseuse, die gerade vier rote Lampen rund um meinen Kopf installierte. »Ich bin so vergeßlich, ich kenne die Dame, die gerade weggegangen ist, aber ihr Name ... ihr Name ...« Ich schnippte ungeduldig mit den Fingern.

»Das ist Mevrouw Winkelman. Sie wohnt die Hälfte des Jahres in Südamerika. Ihr Mann ist Dirigent.«

Vom Rest des Friseurbesuchs weiß ich nichts mehr. Plötzlich ging ich wieder auf der Straße, die Sonne war gesunken, der Wind hatte aufgefrischt, mit beiden Händen hielt ich mein Haar fest, als ich sie plötzlich aus einem Laden kommen sah, einem Antiquitätengeschäft, sie hatte etwas Schönes gekauft, etwas, das in einer Schachtel verpackt war, die das Kind mit einer gewissen Ehrfurcht trug. Ohne groß nachzudenken, rannte ich los.

»Entschuldigen Sie bitte ...«

Sie drehte sich halb um und sah mich an, und wieder wußte ich ganz genau, wir hatten zusammen etwas erlebt, unsere Wege haben sich schon früher gekreuzt. Eine Erinnerung, die ich noch nicht klar erkennen konnte, vorläufig erst eine Aussparung, begann sich in mir zu regen. Ich glaube, meine Stimme hat etwas schrill geklungen.

»Sie sind Mevrouw Winkelman. Der Name sagt mir, wenn ich ehrlich bin, nichts. Aber vielleicht kann mir Ihr Mädchenname einen Anhaltspunkt liefern, und vor allem: Ihr Rufname. Darf ich wissen, wie Ihr Rufname lautet?«

Die Haut unter ihren Augen hatte die Blässe zertretener Blütenkelche. Sie war müde.

»Jennifer.«

Der Name fiel wie ein Holzklotz zwischen uns. Ich schüttelte bedauernd den Kopf. Bedauernd, gewiß, doch meine Entschlossenheit wuchs dadurch nur noch. Mochte ihr Name auch eine Fehlanzeige sein, ein dumpfer Schlag, ihre ganze Erscheinung und alles darum herum sprach von einem gewissen Ereignis, einem wunderbaren, herrlichen Geschehen in ihrem Leben, bei dem ich durchaus nicht unbeteiligt gewesen war.

Ihre kleine Tochter begann von einem Bein aufs andere zu treten. Ich merkte, daß Jennifer Winkelman weitergehen wollte.

»Wir haben uns gekannt«, sagte ich hastig. »Vielleicht auf der Universität, vielleicht auf dem Gymnasium.«
Sie reagierte nicht.
»Voorschoten«, sagte ich testend. »Die Benediktinerinnen, ach, weißt du noch, wie Schwester Sidonie vor Wut die Fäuste ballte, hinter dem Rücken, hinter ihrem blanken schwarzen Rock...«
Leicht schwindlig senkte ich den Blick. Sie muß gedacht haben, daß ich auf das Päckchen in den Händen ihrer Tochter schaute.
»Wir haben einen kleinen Clown gekauft«, sagte sie. »Einen blauen Metallclown auf einem Roller, der herumfährt, wenn man ihn aufgezogen hat...«
Ich sah sie die Straße hinunter verschwinden, zwischen den langen Schatten des Herbstnachmittags.
Nun hörte ich eine Woche lang auf zu denken. Die Frage »Wer ist Jennifer Winkelman?« war keine Frage, sondern eine Wirklichkeit, ein lyrischer Ausruf, der, als Teil meiner selbst, mein gesamtes Tun und Lassen bestimmte. Sowie ich an diesem Nachmittag zu Hause ankam, begann ich zu suchen. Noch im Mantel ging ich durch die Zimmer meiner Wohnung und sah mich um. Es sind hübsche Räume. Auf den alten Parkettböden liegen Teppiche, die Wände sind bis auf halbe

Höhe mit schwarzem, hie und da angesengtem Djatiholz getäfelt, neben dem Kamin steht eine Ledercouch, weich wie ein noch lebendes Tier, von der aus man auf den verwilderten Ahorn der Nachbarn blickt. Unter einer Reproduktion der ›Mona Lisa‹ steht mein Schreibtisch.

Ich zog die Schubladen auf. Auf Knien nahm ich Mappen und Papiere heraus und blätterte sie, Haarsträhnen hinter die Ohren streichend, wider besseres Wissen durch.

Denn eines war sicher: Das Wunder, das mich wie durch Zauberhand begonnen hatte zu betören, das Wo und Wann meines Glücks, konnte unmöglich in diesen Dokumenten zutage treten, die alle aus der Zeit nach dem Brand stammten. Vor zwei Jahren war auf dem Fell vor dem Kamin eine Flasche Spiritus umgefallen, und ich muß zugeben, daß die daraufhin eintretende Verwüstung etwas Grandioses hatte. Ausgerechnet ich, mit meiner ungeheuerlichen Vergeßlichkeit, verlor Fotos, Tagebücher und eine Briefmarkensammlung, die ich seit meiner Kindheit laufend ergänzt hatte. Ich knipste die Schirmlampe an und starrte auf das Protokoll eines Lehrerarbeitskreises. Mein Lebenslauf ruhte nirgends sonst als auf dem tiefen, stillen Grund meines Gedächtnisses.

Als ich 1945 geboren wurde, waren meine Eltern schon nicht mehr jung. Sie hatten beide graue Haare und einen schweigsamen, außerordentlich sanften Charakter, und man kann sich fragen, womit sie es verdient hatten, während eines seltenen gemeinsamen Urlaubsausflugs ausgerechnet den Reisebus zu nehmen, der in einer Augustnacht in der Nähe des jugoslawischen Karlovac aus der Kurve flog. Mein Bruder und ich blieben folglich bei unserer Tante, einer Frau, die mit den Jahren immer jünger wurde, geblümte Kleider zu tragen begann, Wasserpfeife rauchte und uns im Vorgriff auf die Freizügigkeit einer etwas späteren Zeit keinerlei Steine in den Weg legte. Nun, mein Bruder ging auf Trampschiffahrt, ich mietete ein Zimmer in einem Studentinnenwohnheim in Leiden. Mager, schüchtern, mit schwarzen Haaren, die mir halb ins Gesicht und bis über die in einen engen, ebenfalls schwarzen Pulli gezwängten Schultern fielen, so muß ich mich in den Hörsälen und auf den Straßen präsentiert haben. Trotzdem gab es Affären. Sensible, schlaue, ungeduldige, stolze junge Männer suchten die Kühle meiner Aufmerksamkeit und die Wärme meines Körpers. Mit sechsundzwanzig bekam ich eine feste Stelle in B... Gähnend erhob ich mich. Mein Gesicht war starr vor Hunger. Aus dem Geflecht dieser Fakten, dieser festen Materie, in der ich in vielerlei Gestalt umherspukte, war heute ein winziges, hauchdünnes Element unverändert auf mich zugetrieben.

Am nächsten Tag wurde ich mit dem Nachhall einer vollständigen Bemerkung in meinem Kopf wach. »Wir haben eine kleinen Clown gekauft. Einen blauen Metallclown auf einem Roller, der herumfährt, wenn man ihn aufgezogen hat...«

Ich schob das Laken von meinem Gesicht und schaute auf den Wecker. Zehn Uhr, wie lang ich geschlafen hatte, ab zehn Uhr vormittags kann man jemanden ruhigen Gewissens anrufen.

Im Telefonbuch stand dreimal der Name Winkelman. Ich entschied mich für den dritten, für das A. als Vornamen und die Adresse Erfgooiersstraat 18. Es klingelte. Erst in dem Augenblick, in dem ich ihre Stimme hörte, beschloß ich, was ich mit ihr besprechen wollte. Ich nahm den Apparat in die Hand und fing an, barfuß im Zimmer auf und ab zu gehen.

»Hör zu«, sagte ich. »Es ist möglich, daß es ein Foto gibt, das irgendwann an einem Junimorgen in aller Frühe aufgenommen worden ist, auf dem wir beide drauf sind.«

Ich wartete einen Moment und brachte dann, als keine Reaktion kam, eine Erinnerung an ein Fest aus Anlaß des fünfjährigen Bestehens der Leidener Studentenverbindung zur Sprache, das witzigerweise, wegen der vorgeschriebenen Weste, Westiwal genannt wurde. Der Höhepunkt des Festes, so erwähnte ich, war ein Ball in einem Hotel am Meer. Es kamen tausend geladene Gäste, alles

Studenten, darunter zwei Oranierprinzessinnen in trägerlosen Kleidern, die damals noch sehr dick waren, längst nicht so hübsch wie heute. Bei Tagesanbruch gingen viele, in Abendkleid und Smoking, von der Freitreppe zum Strand hinunter, um sich von der viel stärkeren Betäubung durch die Seeluft, die ungewohnte Stunde und die weißen Strandkörbe ausnüchtern zu lassen.

»Wir haben uns zu ungefähr zwölft mit dem Rücken zum Meer hingesetzt, und dann hat einer von uns dieses Foto gemacht...«

Stille. Dann sagte sie, ein wenig undeutlich: »Nein, nein, ich weiß nichts von diesem Fest.« Sie schwieg einen Moment und fuhr dann fort: »Ich habe in Den Haag studiert, am Konservatorium am Korte Beestenmarkt.«

»Ah...!« Ich nickte, überrascht und interessiert. »Klavier? Geige?«

»Orgel.«

Inzwischen war ich am Fenster angelangt. Obwohl noch im Nachthemd, öffnete ich es und setzte mich auf die Fensterbank, den Blick auf die gewundene Allee gerichtet, die zu den Bahnschranken führte, hinter denen mir Jennifer Winkelman jetzt, in ebendiesem Moment, erzählte, daß ganz vorn in dem großen Saal des Konservatoriums die Orgel gestanden habe, auf der sie jeden Abend hätte üben dürfen.

»... wie die der Notre-Dame in Paris oder der

Kathedrale von Reims, und ich hatte das Gefühl, daß ich das war, die französische Organistin Marie-Claire Alain, die die Gewölbe erdröhnen ließ...«

Ihre Stimme erstarb. »... die Gewölbe erdröhnen ließ...«, wiederholte sie schwach.

Die Verbindung wurde unterbrochen.

In unbestimmte Gedanken versunken, zog ich mich an. Wie ich es gewöhnt bin, bürstete und kämmte ich mein Haar sorgfältig vor dem Spiegel, wieder löste sich daraus der Geruch nach Frisiersalon. Ich möchte nicht behaupten, daß ich dort, im Widerschein des Vormittagslichts, ganz bei Sinnen war. Während ich mich selbst anstarrte, gab es nur eines, was ich, zunehmend beunruhigt und erschreckt, zu mir durchdringen ließ: Nur noch eine Woche, eine knappe Woche, und dann fährt sie weg! Ach, wer hat nicht schon irgendwann mal in seinem Leben entdeckt, daß Logik und Logik zweierlei ist?

In meiner Eile nahm ich das Auto. Hätte ich das nur nicht getan! Als ich an den Bahnschranken vorbei war, sah ich, daß das Dorfzentrum mit rotweißen Schildern abgesperrt und die Vlietlaan bis zur letzten Lücke zugeparkt war: Heute war Markt. Verärgert bog ich um die Ecke, mühsam vorankommend in einer Menschenmenge, die wie Heimatlose Äpfel, Pullover, alte Tischchen, Matratzen, Töpfe und Pfannen mit sich herumschleppte, folgte ich der Umleitung, bis ich nach gut einer halben Stunde mein Auto in der Nähe der Erfgooiersstraat los wurde, woraufhin ich mit nur noch äußerst geringer Zuversicht ausstieg.

Tatsächlich, sie war nicht da. Ich stand vor dem Haus und hörte das Geräusch der Klingel verhallen. Unschlüssig trat ich einen Schritt zurück und sah hinauf. Die alten Herrenhäuser sind sehr schön renoviert worden. Ich weiß, daß die Drei- oder Vierzimmerwohnungen Luxusbäder und Südbalkone haben. Vormittags sehen die vorderen Fassaden im eigenen Schatten und hinter den riesigen Kastanien, zwischen die man die Gehwege, wie's gerade kam, gelegt hat, sehr verschlossen aus. Sie wohnte im ersten Stock.

Nebenan wurde ein Fenster geöffnet. Ein Greis in violettem Schlafrock fummelte kurz am Haken herum und sprach mich dann leise an.

»Wollen Sie zu Winkelmans?«

»Ja.«

»Die sind zum Markt gegangen.«

Ich ging. Ich ließ mein Auto stehen, bog nach rechts, nach links und stand im Nu zwischen den Verkaufsständen. Und ehe ich mich's versah, entdeckte ich sie. Klein, blond, mit etwas trottendem Schritt, lief sie in meine Richtung, inmitten der Menschenmenge, die an den in Massen ausliegenden Fischen, Krebsen und Muscheln vorbeizog, die Sonne im Gesicht, die kleine Tochter, unvermeidlich, an der Hand.

Ich blieb stehen. Übers ganze Gesicht lachend. Meiner Sache vollkommen sicher. Doch was geschah? Als sie merkte, daß ihr ein Hindernis im Weg stand, schaute sie auf – ich sah, daß sie mich erkannte –, öffnete den Mund, holte, als wolle sie etwas rufen, tief Luft und drehte sich mitsamt ihrer Tochter um, und es dauerte eine ganze Weile, bis ich begreifen wollte, was ihr entschwindender Rücken bedeutete. Ich folgte ihr.

Sie kaufte Kartoffeln, Sirupwaffeln, Kinderpantoffeln... Sie hatte absolut keine Eile und ließ sich durch meine Anwesenheit, etwa zehn Meter hinter ihr, keineswegs hetzen, sie nahm die Pantoffeln in die Hand, besah sich die Sohlen, bückte sich, damit das Kind mit spitzem Finger die blauen Bommeln berühren konnte, und zahlte unter meinen aufmerksamen Blicken, ach! wer weiß, vielleicht hatte sie ihren anfänglichen Unmut bezwungen und begriff, daß alles in Ordnung war, so gutartig wie sonstwas, wer weiß, vielleicht hatte sie Spaß an dieser unsichtbaren Schnur, zehn Meter lang, die den unermeßlichen Abstand zwischen uns überwand. Ich entschloß mich zur nächsten Improvisation. Ich kaufte Kinderpantoffeln und danach Trauben, Käse, Nüsse... auf dieselbe Waage blickend, nickte ich und flachste mit denselben Händen wie sie. Wir kamen zu den letzten Ständen. Der wild spritzende Springbrunnen, der Fahrradständer und das Lokal, in dem man einmal in der Woche die Tische zusammenschiebt und zusätzliche Stühle herbeischleppt. Dorthin verschwand sie, mit dem Kind, durch die Tür, die einmal in der Woche den ganzen Tag offenbleibt.

Ich bestellte Kaffee und sah mich erstaunt um. Wo waren sie? Das Lokal war voll, größtenteils Mütter mit Kindern, große, willensstarke Mütter, die sich dort, zufrieden mit ihren Einkäufen, unterhielten und lachten, während sie für ihre Kinder Apfelkuchen bringen ließen. Durch die Wimpern betrachtete ich diese unsterblichen Frauen und fragte mich, wo die andere geblieben war.

Die Tür zu den Toiletten ging auf. Jennifer Winkelman kam mit dem kleinen Mädchen zum Vorschein. Sie sah sich um und bemerkte mich sofort, grüßte oder lächelte aber in keiner Weise. Sie setzte das Kind auf einen Hocker an der Theke und beugte sich, während sie auf die Vitrine mit den Kuchen zeigte, auf den linken Arm gestützt vor. Ich weiß noch immer nicht genau, was mich daraufhin überkam. Ich sah auf das essende und trinkende Kind, auf die Jacke und den Hinterkopf mit dem schönen langen Pferdeschwanz und spürte einen derart rasenden Ekel in mir aufsteigen, daß sich mein Magen zusammenzog.

Es kann sein, daß ich daraufhin meinen Kaffee umgestoßen habe.

Jennifer! schrieb ich an diesem Nachmittag. Wenn Du glaubst, wir seien Fremde, dann irrst Du Dich aber gewaltig. Weiß ich etwa nichts von dem Gebäude am Korte Beestenmarkt und dem Saal mit den Rundbogenfenstern und der Orgel? Abend für Abend saßest Du da auf der Holzbank, balancierend, die Finger auf den Tasten, die Füße auf dem Pedal. Balancierend, ja, während Du unverwandt auf die grell beleuchteten schwarzen Noten schautest, auf die Pausen und die Striche, und Dein Territorium bis ins Aberwitzige ausdehntest! Weiß ich etwa nichts von Notre-Dame in Paris, der Kathedrale von Reims und der berühmten Organistin Marie-Claire Alain? Ich habe Dir von dem Fest am Meer erzählt und von der Tatsache, daß ich damals ein Abendkleid trug (elfenbeinweiß, Taftseide). Jetzt fällt mir noch etwas anderes ein. Ich war noch ein Kind, meine Eltern lebten noch, als eines Sommers bei unseren Nachbarn ein Mädchen zu Besuch war, das sich das Bein gebrochen hatte. Es lag immer im Garten, auf einer Bettcouch mit weißen Laken, die bis aufs Gras herunterhingen. Ich ging jeden Tag zu ihr, fasziniert von all dem Weiß, das in der Sonne aufleuchtete, von dem Außerordentlichen dieses Mädchens, beispiellos sauber gewaschen und wegen ihrer Krankheit verhätschelt, blonde Zöpfe, einen Zeichenblock mit leuchtend weißen Blättern auf dem Schoß, und dann dieses gräßliche Ding, dieses dicke weiße Bein, dem ich eines Tages in meiner maßlosen Eifersucht und Liebe einen Stoß versetzte. Du hast wie ein Idiot losgeschrien.

Als ich am Dienstag noch immer nichts gehört hatte, griff ich wieder zum Telefon. Ich stand wirklich vor einem Rätsel. Den Brief hatte ich rechtzeitig eingeworfen, meinen Namen unterstrichen und einen Kreis um meine Telefonnummer gemalt, warum schwieg sie? Es dauerte eine ganze Weile, bevor jemand abnahm. Ich klopfte mit dem Fuß auf den Boden, starrköpfig, ich spürte, daß mein Geklingel sie rief.
Und ja, das Läuten brach ab. Echo, Stille und dann – ich gefror – eine unbekannte Stimme!
»Hallo?«
Erst konnte ich nichts erwidern. Die dunkle, freundliche Männerstimme verschlug mir die Sprache.
»Ich möchte Jennifer Winkelman sprechen«, sagte ich dann.
»Sie ist nicht da.«
»Wie kann das sein?« rief ich aus.
»Sie ist zum Reisebüro...« Der Ton war aus-

nehmend wohlwollend. »Soll sie Sie vielleicht zurückrufen?«

Der ausländische Akzent, mit dem der Mann sprach, muß mich getroffen haben. Wer war das, wer konnte das sein? Nicht ihr Mann, nicht der sich in London aufhaltende Dirigent. Der mysteriös abweichende Tonfall gab mir das Gefühl, mit einem gutartigeren, wehrloseren Menschen als üblich zu sprechen. Das führte dazu, daß ich ihm der Einfachheit halber erzählte, daß Jennifer Winkelman eine Bekannte aus meiner frühesten Jugend sei und daß bis auf den heutigen Tag etwas, das zu ihr und zu mir gehörte, makellos, rund und frisch wie eine Luftblase, in meinem Bewußtsein oder tief im Inneren meiner Träume verschlossen gewesen sei.

»Haben Sie etwas zu schreiben da?« sagte ich zum Schluß.

Sorgfältig buchstabierte ich meinen Namen. Ich ließ ihn die Buchstaben einen nach dem anderen wiederholen. Natürlich sollte sie mich zurückrufen, spätestens heute abend.

Rote Autos. Blau und gelb gekleidete Kinder. Violette Herbstastern. Nach einem Streifzug durch das Dorf war ich in der Nähe ihrer Wohnung gelandet. Ein Hund lag schlafend auf dem Gehweg. Ein vorbeiradelnder Junge rief mir ein obszönes Schimpfwort zu. Ich holte gut gelaunt

Luft. Meine Stimmung beruhte auf der Sorglosigkeit, die einen überkommt, wenn man weiß, daß alles im Leben einzig und allein einem selbst aufgebürdet wird. Wem sonst? Das macht wahrhaftig nicht traurig. Warum auch? Als ich mich ihrem Haus näherte, sah ich, daß die Eingangstür einen Spaltbreit offenstand. Ich fand das nicht verwunderlich, aber doch bedeutsam. Das ist kein Zufall, dachte ich dankbar, mag ihr Telefon auch wieder einen Tag lang geschwiegen haben, so ist ihr Haus doch sperrangelweit für mich geöffnet. Und ich drückte leicht gegen das lackierte Holz und trat in den Flur.

Nun hat das Betreten des Hauses eines Fremden mir immer schon widerstrebt. Die Konfrontation mit den Sachen eines anderen – Flurläufer, Zählerkasten – ist mir besonders zuwider, die Farbe des Holzes ist nie die meine, und die Intimität der muffigen oder ranzigen Gerüche ist mir einfach ein Graus. Diesmal jedoch machte mir das alles nichts aus. Ich stieg in der dämmrigen Höhle des Treppenhauses empor, als wäre ich dort zu Hause, und stand kurz darauf, ohne auch nur in nennenswerter Weise darauf geachtet zu haben, vor der Schwelle zum Wohnzimmer, ja, auch die Wohnungstür hatte offengestanden, und mir wurde rasch klar, warum: Hier wurde gepackt, hier wurden Koffer weggeschleppt.

Ich hatte offenbar eine Moment der Ruhe

getroffen. Die Stille hing wie ein Ballon zwischen den Wänden. In der Mitte stand ein Mann, ich wußte genau, daß es mein Gesprächspartner vom Telefon war: Ein kräftiger Bursche mit dunklem Haar und krausen Koteletten sah mich ohne eine Spur von Verwunderung an und ohne ein Wort zu sagen. Ich wandte den Blick ab. In dem luxuriösen Raum herrschte ein regloses Durcheinander. Ich sah Koffer, Kartons, offene Schubladen und, fast versteckt hinter alldem, auf einem Sofa unter den Fenstern, Jennifer Winkelman. Die Augen geschlossen, auf der Seite liegend, die Hüfte hochgedreht, kein Zweifel, sie schlief. Dann sah ich auch das Kind, das Mädchen. In einem altjüngferlichen Kleid mit schiefem Saum starrte sie mich von der Tür eines Nebenraums aus ungerührt an.

Das war alles. Drei Menschen, von denen einer schlief und zwei mich totenstill ansahen. Alles, ja, einmal abgesehen von dem ganzen Drumherum aus Möbeln, Gemälden, Fotos, Mänteln, einem Spiegel, einer Haarbürste, Teegeschirr, Pantoffeln, Kleider-, Papier-, Zeitungsstapeln, einer Tasche mit einem kaputten Henkel, einer Brille an einer Kordel... Gegenstände, die mir, das Tableau vivant störend, einer nach dem anderen ins Auge sprangen und deren intensive Häuslichkeit mich, dort an der Schwelle, keine Sekunde deprimierte.

Das Sofa knarrte. Ein Seufzer war zu hören. Sie richtete sich, eine Hand an der Stirn, auf.

»Mein Gott«, murmelte sie bestürzt. »Ich lieg hier und verschlafe die Zeit.«

Sie stand schwankend auf, noch mit einem Gesicht, das von ganz anderen Dingen sprach, und schaute sich das Durcheinander an. Als sie mich sah, zuckte sie entschuldigend mit den Achseln und breitete die Hände aus.

»Meine Tochter und ich reisen morgen ab. Wir sind spät dran mit Packen.«

Ich lachte verständnisvoll.

Der Mann war auch in Bewegung geraten. Er stand neben einem an die Wand geschobenen Tisch, rückte Bücher und Blumen hin und her und knipste einen wattierten Teewärmer auf.

»Kommt Tee trinken«, sagte er. Er blickte von mir zu Jennifer Winkelman. Das Kind war nirgends mehr zu sehen.

Ein paar Minuten saßen wir beisammen, die Ellbogen auf dem Tisch, und unterhielten uns wie alte Bekannte, sachlich, unangestrengt.

»Ich wollte jetzt zur Abwechslung mal mit der Fähre nach England«, sagte Jennifer Winkelman zu mir.

Und ich fragte: »Von wo?«

»Von Hoek van Holland«, sagte sie und blies in ihren Tee. Dann fragte sie den Mann: »Um wieviel Uhr müssen wir morgen los?«

Er dachte kurz nach, rechnete. »So gegen zehn«, sagte er.

Bald darauf schoben wir alle drei unsere Stühle zurück. Sie packten weiter, ich schlenderte nach einem Gruß in Richtung Tür. So war es an diesem Nachmittag, und jedesmal, wenn ich daran zurückdenke, empfinde ich wieder das ganz Normale, das Vertraute der Situation. Ich hatte gedankenlos eine Tasse Tee getrunken und war gedankenlos auf dem Weg nach draußen.

Da sah in den kleinen Clown auf seinem Roller. Das Aufziehding stand auf einem Hocker neben einem hohen Schrank, kein Wunder, daß ich es nicht schon früher bemerkt hatte. Im Nu kniete ich auf dem Fußboden. Ein metallener Clown in blauer Hemdhose stand auf einem roten Roller, die Arme zum Lenker ausgestreckt, einen Fuß erhoben. Aus den weißen Manschetten ragten weiße Hände, aus den weißen Hosenbeinen weißbestiefelte Füße, und der vollkommene Ernst des weißen Gesichts sprach aus nichts anderem als einem blauen Auge und einer weißen Knollennase, die Zipfelmütze saß dicht darüber. Mir stockte der Atem. Ich spürte nicht mehr, wo ich war. Als mir dämmerte, daß in diesem Moment etwas Überwältigendes vor sich ging, biß ich mir auf die Lippen. Diesen Burschen kannte ich! Ich wußte, daß er, wie er da stand auf seinem klapprigen roten Vehikel, jeden

Moment am Lenker drehen, das Vorderrad herumschwenken und in wilden Kurven und Schleifen lossausen konnte, in erster Linie vorwärts, möglicherweise aber auch, unerwartet, rückwärts... Ich reckte den Hals. An der Seite des einen Stiefels waren winzige Buchstaben zu erkennen...

»Lemezbrugvar Budapest...« buchstabierte ich mühsam, und da, ich kann es nicht anders ausdrücken, blitzte ein Leuchtturmfeuer hinter meinen Augen auf, und ich sah sekundenlang ein Wohnzimmer an einem Wintertag. Stühle, Büfett, gedeckter Frühstückstisch, alles lebensecht und nach längst vergessenen Dingen duftend, Brot, Milch, Eau de Cologne, Rasierseife, und zwei hohe Fenster, hinter denen der Schnee makellos weiß herabrieselte, es war mein Geburtstag. Rote, blaue, gelbe, violette Festgirlanden schwebten über mir, die Glimmerfenster des Ofens glühen orangefarben, und jemand stellt mir neben meinen Teller einen rätselhaften kleinen Gegenstand, einen blauen, ernsten kleinen Kerl auf einem Vehikel mit Rädern und einer Antriebsfeder...

»Paß mal auf, was er gleich macht...« Ui, lieber Himmel, mein Leben, meine Jugend!

»... Das ist meiner!«

Einen Moment erschrak ich. Dicht vor mir sauste etwas vorbei. Dann rappelte ich mich auf und sah zur Seite. Ein Mädchen in einem schiefhängenden Kleid wandte sich feindselig von mir ab. In beiden Händen, wie einen geretteten Vogel, das Aufziehding.

Der darauffolgende Tag, der des Abschieds, spielt eigentlich keine Rolle mehr. Ich erwähne ihn nur der Vollständigkeit halber und auch, weil die ganze Fahrt in meiner Erinnerung hell, kühl, scharf umrissen ist.

Als ich kurz vor zehn in die Straße einbog und unter den Kastanien parkte, brauchte ich nicht lange zu warten. Sie kamen alle drei schon bald aus dem Haus. Nachdem er lediglich einen kleinen Koffer in den Gepäckraum eines Skodas gehoben hatte, nahm der Mann auf dem Fahrersitz Platz und beugte sich zu den Türen auf der rechten Seite. Jennifer Winkelman setzte sich neben ihn, das Kind krabbelte hinten rein. Sie starteten, ich startete, wir fuhren los.

Sie entschieden sich für die Strecke über Utrecht. Verblühte Heide, Wiesen, eine Bahnlinie mit bogenförmigen Leitungsmasten aus Beton, der Vormittag war von glasklarer Ruhe. Ich gab mir alle Mühe, Abstand zu wahren, konnte aber nicht verhindern, daß ich an der Ampel vor dem Kreisel plötzlich neben ihnen stand, sie sahen abwesend vor sich hin, der Mann rauchte. Ich glaube nicht, daß sie mich bemerkten, und außerdem: wenn schon? Seit gestern, als ich weggeschaut hatte und mit leeren Händen die Treppe in ihrem Haus hinuntergepoltert war, lachend und vor mich hin murmelnd und mit einem wahnsinnigen Glücksgefühl, war Jennifer Winkelman dabei, in den Hintergrund zu rücken, hinter die Kathedrale von Reims, einen Ball am Meer, Kinderpantoffeln, Apfelkuchen, ein Mädchen mit einem Gipsbein... Die Ampel sprang auf Grün. Langsam beschleunigend fuhr ich in den Kreisel ein.

Gegen Mittag erreichten wir die Küste. Nach kurzer Fahrt entlang den Dünen tauchten hinter einer Wolke glitzernder Möwen Kräne und Lagerhallen auf. Ungesehen parkte ich und mischte mich unter die Leute, die an den Kais entlangliefen und sehnsüchtig zu den Schiffen blickten. Die »Beatrix« lag breit, um Autos und Passagiere an Bord zu nehmen. Ich war Zeugin eines vorbildlichen Abschieds. Dicht vor der Gangway, etwas abseits des Gedränges, stellte der Mann den Koffer ab, hob das Kind hoch, um es herzlich zu küssen, und nahm dann Jennifer Winkelman in die Arme. Ich sah, wie sie ihr nach oben gewandtes Gesicht an seine Wange legte. Dann löste sie sich aus der Umarmung, nahm ihren Koffer und das Kind und ging an Bord.

Seitdem empfinde ich immer einen angenehmen, altmodischen Kummer, wenn ich an das Schiff denke, das strahlend weiß, tutend und rauschend aufs Meer hinausfuhr.

Franz Hohler

Die Fotografie

Als ich vor einiger Zeit beim Durchblättern eines Fotoalbums auf ein Bild von der Hochzeit meiner Eltern stieß, verweilte ich etwas länger dabei. Ich wollte wissen, wen ich alles kannte, auch interessierte mich, da ich inzwischen selbst geheiratet hatte und bereits älter war als das Paar auf der Hochzeitsfotografie, ob mir die Eltern nun jünger vorkämen als ich mir selbst. Es war mir aber nicht möglich, die beiden so anzusehen, als ob sie mit mir nichts zu tun hätten, als ob sie nicht gerade die wären, die immer älter waren als ich, und wäre es mir gelungen, wären sie mir wohl trotzdem nicht richtig jung erschienen, da man der Kleidung der Abgebildeten und ihrem Gehaben ansah, daß sie in eine frühere Zeit gehörten, und Leuten, die in einer früheren Zeit jung waren, glaubt man zwar, daß sie eine Jugend hatten, aber nicht, daß sie tatsächlich jung waren.

Das Bild war vor der Kapelle aufgenommen, in der die Trauung stattgefunden hatte, und außer meinem Vater und meiner Mutter waren darauf meine vier Großeltern zu sehen, von denen jetzt nur noch zwei am Leben sind, sodann ein Urgroßvater, den ich nicht mehr gekannt habe und der äußerst unnahbar wirkte, die Schwester meines Vaters, bereits mit ihrem heutigen Mann, aber etwas unverbrauchter aussehend, und die zwei Brüder meiner Mutter, der eine noch im Bubenalter, der andere in Offiziersuniform. Um diesen familiären Kern des Bildes gruppierten sich die weniger engen Verwandten wie die Geschwister der Großeltern, die ich nicht alle kannte, und nebst dem Pfarrer einige Freunde des Paares, die mir zum größten Teil fremd waren. Unter diesen übrigen Leuten fiel mir vor allem ein Mann auf, der ganz am Rand des Bildes auf einem Steinbänklein unter einem Baum saß und die Szene betrachtete, als ob er nicht ganz dazugehöre. Seine Augen waren dunkel und blickten sehr ernst, auf seinem Kopf sah man kein einziges Haar, und seine Hände waren auf einen Stock gestützt, der mit einem silbernen Knauf versehen war. Was mir zusätzlich auffiel, war, daß der Mann weiße Handschuhe trug, was auch in jener Zeit, soviel mir bekannt ist, ungebräuchlich war. Da ich mich nicht erinnerte, diesen Mann je im Zusammenhang mit meinen Eltern gesehen zu haben, nahm ich mir vor, meinen Vater gelegentlich nach ihm zu fragen.

Als ich ihn das nächstemal zu Hause besuchte, schauten wir sein Album mit den Hochzeitsfotografien durch, aber auf all den Bildern vor der Kapelle war kein solcher Mann zu sehen, und mein Vater konnte sich auch an niemanden erinnern, auf den meine Beschreibung zugetroffen hätte. Wahrscheinlich, meinte er, sei es ein Passant gewesen, der zufällig vorbeigekommen sei und sich auf das Bänklein gesetzt habe, die Kapelle liege ja an einem schönen Ort, werde oft aufgesucht und sei auch das Ziel eines Wanderweges.

Mit dieser Erklärung war ich nicht zufrieden. Irgendwie konnte ich mir nicht vorstellen, daß sich der Mann nur für die Dauer einer Aufnahme auf das Bänklein gesetzt hatte, zudem war er so festlich angezogen, daß er weder ein Wanderer noch ein Ausflügler sein konnte, und es schien mir auch, sein Blick enthalte mehr Teilnahme als der eines gänzlich Fremden.

Als ich dem Vater wenig später mein Bild zeigen konnte, war er sehr erstaunt, schüttelte den Kopf und sagte, nie, nie habe er diesen Mann gesehen und möge sich auch nicht erinnern, daß er ihn auf der Fotografie, die nun in meinem Album klebte, wahrgenommen habe. Es habe aber nachher, so sagte er, in der gleichen Kapelle eine weitere Hochzeit stattgefunden, zu welcher vereinzelte Gäste bereits am Schluß seiner eigenen Feier eingetroffen seien, und er könne sich denken, daß dies die letzte Aufnahme des Fotografen vor der Kapelle gewesen sei und es sich bei diesem Mann um einen der ersten Gäste der anderen Hochzeitsgesellschaft handle.

Mit dieser Darstellung begnügte ich mich vorderhand, wenn mir auch schwer erklärlich war, warum ein fremder Gast die Indiskretion begangen haben sollte, sich ins Schußfeld des Fotografen zu setzen. Auch bekam ich bei wiederholtem Betrachten des Bildes das Gefühl, der Mann habe etwas mit meiner Mutter zu tun, die kurz vor meiner Verheiratung gestorben war. Aus der starken Ablehnung meines Vaters schloß ich, daß auch er etwas ähnliches dachte, doch ich wollte nicht weiter in ihn dringen.

Meine Frau begann sich langsam zu beunruhigen, daß ich der Sache soviel Gewicht beimaß, und konnte nicht verstehen, weshalb ich die Erklärung meines Vaters nicht gelten lassen wollte. Ich gab dann, nachdem auch Erkundigungen bei Verwandten nichts eingebracht hatten, meine Nachforschungen auf, obwohl die Frage für mich nicht gelöst war.

Die Ruhe, die nun folgte, war aber nur oberflächlich und wurde bald darauf durch einen neuen Vorfall zerstört. Meine Schwester, die seit kurzem verheiratet war, hatte ein Kind zur Welt gebracht und hatte mich gebeten, Taufpate zu sein. Ich war einverstanden, und die Taufe fand in der Kirche des Dorfes statt, in dem meine Schwester wohnt. Es war eine Feier, an der nur die nächsten Angehörigen des Elternpaares teilnahmen. Eine Ausnahme bildete ein Freund meines Schwagers, der eingeladen worden war, weil er gut fotografierte.

Meine Schwester verschickte nachher an die Teilnehmer des Ereignisses ein Heft, in welchem die Fotos eingeklebt waren, die dieser Freund von der Taufe gemacht hatte. Sie waren numeriert, und wenn man eine haben wollte, konnte man am Schluß des Heftes die dazugehörige Zahl angeben. Mein Blick traf zuerst auf das Bild, das mit der Nummer 12 bezeichnet war. Es zeigte die Patin und mich vor der Kirche, ich trug den Täufling in den Armen, und zwei Schritte hinter mir stand der Mann mit der Glatze und den weißen Handschuhen und blickte mir über die Schulter. Er hatte die Arme verschränkt, aber so, daß man beide Handschuhe sah. Ein Stöckchen, wie es auf der Hochzeitsfotografie meiner Eltern sichtbar war, konnte ich diesmal nicht sehen.

Ich rief sofort meine Schwester an und fragte sie, ob sie den Mann auf diesem Bild kenne. Ihr war er jedoch nicht aufgefallen, und da sie die Fotos nicht zur Hand hatte, telefonierte ich dem, der sie gemacht hatte, nannte ihm die Nummer des Bildes und fragte ihn nach dem Mann im Hintergrund. Er gab mir zur Antwort, auf seinem Abzug sei kein solcher Mann im Hintergrund sichtbar, und auch auf dem Negativ, das er dann auf mein Drängen holte, seien, so sagte er, nur die Patin und ich und der Täufling. Ich schnitt das Bild aus und schickte das Heft wieder zurück.

Am selben Tag beschloß ich, an diesen Tatbestand nicht zu glauben. Trotzdem verschwand der Mann nicht, wie ich heimlich hoffte, von den beiden Bildern, und jeder, dem ich sie zeigte, sah ihn ebenfalls. Ich begann nun auch, was ich früher nie gemacht hatte, mich plötzlich umzudrehen, etwa, wenn ich auf einem Trottoir ging oder einen Platz überquerte, aber auch, wenn ich in einem Kino saß oder in einem Laden etwas einkaufte, und sogar, ja dann fast am meisten, wenn ich mich allein in einem Raum befand. Das Gefühl, jemand schaue mich an, ergriff mich immer mehr, es kam sogar vor, daß ich nachts im Bett aufschoß und Licht machte, weil ich glaubte, am Fußende sitze einer und blicke unverwandt auf mich. Öfters, wenn ich irgendwo ausstieg, auf einem Bahnhof oder einer Bushaltestelle, war mir, als ob jemand auf mich wartete, und ich mußte mich zuerst lange vergewissern, ob wirklich niemand da war. Ich war in beständiger Erwartung, konnte aber trotzdem nicht daran glauben, daß sie sich in etwas Wirkliches verwandeln würde.

Das ist letzte Woche anders geworden. Als ich auf der hinteren Plattform eines Tramwagens mit dem Rücken an der Scheibe lehnte, hatte ich wieder das Gefühl, beobachtet zu werden, drehte mich um und sah im Anhängerwagen den Mann mit der Glatze und den weißen Handschuhen. Er stand mir gegenüber hinter der Scheibe, und als ich ihn ansah, hob er die rechte Hand und lächelte mir zu. Ich war unfähig, mich zu bewegen, und blieb bis zur Endstation im Wagen stehen. Dort stieg ich aus und ging zum Anhänger, aber es war niemand mehr darin.

Seither habe ich keine Angst mehr. Ich weiß, daß ich diesem Mann nicht entkommen werde, und ich weiß auch, daß mir die Begegnung mit ihm, die wirkliche Begegnung, nahe bevorsteht. Wie sie verlaufen wird, weiß ich nicht. Wo sie stattfinden wird, weiß ich nicht. Warum sie sein muß, weiß ich nicht. Was der Mann mit mir vorhat, weiß ich nicht, ich weiß nur, daß kein Zufall möglich ist, ich weiß nur, daß ich persönlich gemeint bin.

Marie Luise Kaschnitz

Schmetterling auf meiner Hand

Ein Schmetterling ließ sich auf meiner Hand nieder, während ich, in der offenen Fenstertüre sitzend, schrieb. Die Strahlen der Sonne waren heiß, der Untergrund der Luft eisig, der Falter flatterte ein Stückchen fort, suchte dann wieder die Hautwärme und blieb. Ich hatte alle Muße, ihn zu betrachten, die schwarzweiß geringelten, steil aufgereckten Fühler, die Flügel, die, nervös auf- und zugeklappt, bald ihren kühnen Umriß, bald ihre leuchtenden Farben zeigten. Ein Flammenkreis setzte auf dem vorderen Flügelpaar an und rundete sich auf dem hinteren, die übrig bleibenden Ecken waren tiefschwarz, von unregelmäßigen, weißen Flecken durchsetzt. Zwei kleine, lichtblaue Bögen scheinen der Malerei im letzten Augenblick aus heiterer Laune noch hinzugefügt. Nach und nach sah ich mehr, zum Beispiel, daß die vorderen Flügel, die durch ihren kühnen Schwung vor allem ins Auge fielen, eigentlich schmaler und gebrechlicher waren als die rückwärtigen und daß diese, mit einem trüben Gewirr von Graubraun und Grauweiß auf der Hinterseite, dem zusammengefalteten Schmetterling seine Schutzfärbung gaben. Ich sah, daß neben den stolzen Schmuckfühlern mit ihren Fahnenstangenknöpfchen ein anderes Tastorgan vorhanden war, ein dünnes, gebogenes Haar, das, feucht und schlaff, seine Spitze auf meinem Handrücken tanzen ließ. Ich entdeckte die Augen, blonde Pelzrosetten, mit einem schwarzen Pünktchen in der Mitte, und den Pelzflaum, der sich wie ein in der Mitte geteilter Bart rechts und links von der Mundöffnung herabzog. Der Eindruck des Flaumigen, Pelzigen war überraschend bei dem zarten Sommergeschöpf, aber er verstärkte sich noch, als der Falter, nun wieder ängstlich, die Flügel lange Zeit aufgeklappt ruhen ließ. Da zeigte sich ein anderer üppiger Pelzflaum, schimmernd grünblau und nach dem Rücken zu verdichtet zu langen, weichen Haaren, die ebenfalls grünblau waren, aber wie von Goldpuder bestäubt. Trotz dieser seltsamen Bekleidung hatte mein Gast eigentlich nichts Tierisches – welcher Begriff sich doch für uns meist mit dem Säugetierischen, mit Körperwärme und Ausdünstung, mit spürbarem Atem und hörbarer Stimme verbindet. Seine Erscheinung war rätselhaft, wie alles, was man von den anscheinend so richtungslos flatternden und in Wahrheit ausdauernd und zielsicher über Erdteile und Meere reisenden Schmetterlingen weiß.

SIEGFRIED LENZ

Ein geretteter Abend

Für Marcel Reich-Ranicki

Reichhaltiger kann das Angebot einer Volkshochschule nicht sein: ob Porzellanmalerei oder Anfangsgründe der tamilischen Sprache, ob Webtechnik oder polynesische Musikinstrumente – in unseren zahlreichen Kursen kann sich der Besucher, übrigens zu durchaus erschwinglichem Preis, vertraut machen mit dem Wissen der Welt, mit den Fertigkeiten und dem Ausdrucksverlangen des Menschen. Jeder bei uns weiß, daß dieses variationsreiche Angebot allein Alexander Blunsch-Hochfels zu verdanken ist, unserem Direktor, der immer wieder Lücken im Programm aufspürt und es sich nicht nehmen läßt, bei der Auswahl der Referenten ein Wörtchen mitzureden. Seine Gelassenheit, sein meditatives Wesen und nicht zuletzt seine gelegentliche Verklärtheit lassen mich bei jeder Begegnung daran denken, daß er sechs Jahre als Mönch gelebt hat.

Immer hätte ich ihn so in Erinnerung behalten, wenn ihm nicht jene Mittwochsveranstaltung eingefallen wäre, bei der vor zahlreichem Publikum von ihm sogenannte ›Heilsame Ärgernisse‹ verhandelt werden sollten. Die erste Veranstaltung trug den Titel ›Scharfrichter oder Geburtshelfer? Über das Wesen literarischer Kritik‹. Zehn vor acht ließ er mich durch den Hausmeister zu sich rufen, vergaß, mir einen Platz anzubieten, musterte mich mit seltsam unterlaufendem Blick, wobei er, heftig nach Atem ringend, eine Hand beschwichtigend auf seine Herzgegend legte. Schließlich wollte er mit belegter Stimme wissen, ob ich bereits einen Blick in den großen Vortragssaal riskiert hätte, der laufe über, da werde gleich das Chaos ausbrechen, vermutlich habe man schon einige Besucher totgetrampelt. Gerade wollte ich ihn zu dem unerwarteten Interesse beglückwünschen, als er stöhnend feststellte: Wir haben keinen Referenten, Klausnitzer! Wir haben zur Eröffnungsveranstaltung keinen Referenten! Aber Schniedewind, sagte ich, er ist doch unter Vertrag. Schniedewind, sagte er erbittert und richtete seine Augen zur Decke, Schniedewind hat viertel vor acht eine Nierenkolik bekommen; seine Frau hat das gerade bestellt. Mit einem verstümmelten Fluch sank er in seinen Armstuhl – ihm, der noch nie einen Fluch gebraucht hatte, fiel in besorgniserregender Verzweiflung tatsächlich das Wort Stinktier ein; und als ich die Unvorsichtigkeit beging, ihn zu fragen, was wir denn nun tun sollten, seufzte er: Einen Referenten, Klausnitzer, schaffen Sie einen Referenten her, beweisen Sie, daß Sie ein geborener Volkshochschulmann sind.

Ich stürmte in mein Zimmer, rief bei Häfele an – der redete gerade in Itzehoe; rief Klimke an – der erwartete den Kulturdezernenten; schließlich faßte ich mir ein Herz und fragte bei Seegatz an, der nichts anderes zu tun hatte, als mich höhnisch auf seinen letzten Artikel hinzuweisen, in dem er mit unserem Programm unbarmherzig ins Gericht gegangen war.

Punkt acht trat ich auf den Korridor, ein unheilvolles Brausen drang zu mir herauf, ein Scharren und Poltern und dunkles Wehen, mit dem sich im allgemeinen klassische Sturmfluten ankündigen. Wieviel mühsam gebändigte Erwartung, wieviel Gereiztheit und thematische Hitze fanden da zusammen! An der Tür meines Direktors zu lauschen bekam ich nicht fertig: zu sehr fürchtete ich mich vor seinem Stöhnen.

Gerade hatte ich beschlossen, in den großen Vortragssaal hinabzugehen und das Auditorium mit unserer exemplarischen Verlegenheit bekanntzumachen, als ein zartes, eisengraues Männchen auf mich zutrat und bescheiden fragte, wo der Vortragsraum B 6 zu finden sei. Ich sah ihn mir an: sein selbstgenügsames Lächeln, sein feines Lippenspiel, das Vergebungsworte zu produzieren schien, das kleine Leuchten in seinen Augen, das eine eigene Leidenschaft bezeugte, und plötzlich erfaßte mich ein waghalsiges Zutrauen. Sind Sie Referent? fragte ich. Meereskundler, sagte er mit leichter Verbeugung und fügte noch etwas hinzu, das ich allerdings nicht mitbekam; denn schon hatte ich ihn eingehakt, schon führte ich ihn die Treppe hinab – mit dem Mut, den man nur einmal geschenkt bekommt.

Da sich in unserem Haus die Referenten selbst vorstellen, bugsierte ich das Männchen zum Pult und überließ es sich selbst. Ein kurzes, freudiges Erschrecken zeigte sich auf seinem Gesicht – vermutlich war er andere Zuhörerzahlen gewöhnt –, dann wartete er geduldig, bis es ganz still geworden war, nannte seinen Namen – Elmar Schnoof – und gab das Thema an: ›Über Aquariums-Kultur – Ein Streifzug durch ein Seeaquarium‹.

Mir stockte der Atem, um es mal so zu sagen, das Auditorium lauschte verblüfft, hier und da meldete sich Ratlosigkeit, aber unüberhörbar waren auch einige Laute glucksender Belustigung und heiterer Zustimmung – anscheinend witterten einige Zuhörer ein parabelhaftes Versteckspiel. Elmar Schnoof breitete die Arme zu segnender Geste aus, und mit einem rhetorischen Feuer, das mich erstaunte, ließ er sich mit allgemeinen Bestimmungen über das Seeaquarium aus. Ein Schöpfungsspiegel sei es, ein mit Hilfe von Erkundung und Erkenntnis komponiertes – er sagte tatsächlich: komponiertes – Kunstwerk, in dem das Geheimnis der Tiefe ans Licht gebracht, anschaulich und erlebbar wird. Was dem Leben in Zeit und Verborgenheit je einfiel: der unglaubliche Formenreichtum, die mit Zweckmäßigkeit gepaarte Schönheit und nicht zuletzt das waltende Gesetz, unter dem unser Dasein steht: im Seeaquarium biete es sich uns dar, in dieser geglückten, ja gedichteten Nachahmung, die die Forderung nach Wissen und nach Unterhaltung gleichermaßen erfüllt.

Mein Nebenmann, redlich befremdet, stieß mich an und fragte flüsternd, ob er sich hier im großen Vortragssaal befinde, und als ich es ihm nickend bestätigte, warf er sich kopfschüttelnd zurück. Ein bärtiger Kerl, der sich auf der Fensterbank lümmelte und der mir schon mehrmals als Zwischenrufer unangenehm aufgefallen war, ermahnte den Referenten: Zur Sache, worauf der, mit entwaffnender Unbeirrbarkeit, fortfuhr: Also ist das Seeaquarium ein Anlaß zu gelenktem Entdecken – es ist, ähnlich wie die Literatur, eine Wieder-Erfindung der Welt.

Dankbar für den Vergleich, zu dem er gefunden hatte, entspannte ich mich ein wenig, konnte jedoch nicht verhindern, daß meine Gesichtsnerven zuckten, daß mein linkes Bein ausschlug wie unter elektrischen Schlägen. Ein leichtes Herzrasen aber setzte ein, als das Männchen, selig abschweifend, die niederen Organisationsformen aufzählte und lobte: er erwähnte die Schwämme, pries die Cölenteraten, von denen er die gelbe Koralle und die Seeanemone besonders hervorhob; dann befaßte er sich mit Krebstieren, Stachelhäutern und Würmern, wobei er den Röhrenwurm eigens herausstrich; und schließlich äußerte er sich geradezu schwärmerisch über einige Weichtiere, vor allem Pilgermuschel und Kielschnecke. Mein Nebenmann stieß mich abermals an, und nicht mehr flüsternd, sondern halblaut fragte er: Spinnt der, oder will er uns verarschen? Ich brauchte ihm nicht zu antworten, denn in diesem Augenblick rechtfertigte der Referent seine Aufzählung: Alles, so bilanzierte er, hat seine Niederung, den blühenden, den nährenden Lebensstoff, das im Schweigen Ruhende; ohne einen Begriff von sich selbst zu haben, liefert es uns dennoch einen Begriff von der Welt.

Während das Männchen sich einen Schluck Wasser genehmigte, verließen zwei Zuhörer den Saal – anscheinend jedoch nicht, weil sie enttäuscht waren, sondern weil sie ihren Hustenreiz nicht loswerden konnten. Das große Auditorium schwankte zwischen Unverständnis und amüsierter Neugier; man hob die Augenbrauen, man grinste, man schüttelte den Kopf und tuschelte angeregt, viele wie angeleimt von Erwartung.

Nun aber zu ihnen, rief das Männchen, zu den

formenreichen Wesen, die uns entzücken und erschrecken, die uns die Schönheit vor Augen führen und die Unerbittlichkeit des Daseins, zu ihnen, die den Sinn für Mythos und Symbol wach erhalten: zu den Fischen. Er erinnerte daran, daß Assyrer und Ägypter den Fisch als göttlich verehrten und daß die Priester in Lykien aus dem Erscheinen gewisser Fische weissagten. Er erwähnte auch, daß der große Aristoteles sich in einer Klassifikation versuchte, und danach begann er endlich, sein Seeaquarium zu besetzen. Respektvoll gab er Lurchfisch und Quastenflosser, die den Beweis unseres Herkommens lieferten, den Vorzug, ließ Schmelzschupper auftreten, frühe Knorpel- und Knochenfische, die die Tiefe der Zeit bezeugten. Und schmunzelnd ließ er dann alles durcheinanderschwärmen, was sich einen Namen verdient hatte: den Knurrhahn, den Meeraal und das Petermännchen, den Zitterrochen und sogar den Schleierschwanz. Nicht annäherungsweise läßt sich das farben- und formenreiche Inventar schildern, das er seinem Seeaquarium zudachte.

Sie haben den Hammerhai vergessen, rief plötzlich der ewige Zwischenrufer, worauf der Referent bescheiden sagte: Sie können sich ihn gern hinzudenken, Ihren Hammerhai, der es freilich an Selbstbewußtsein, an Entschiedenheit, an Wachsamkeit und Schwimmkunst bei weitem nicht mit einer Art aufnehmen kann, die das mannigfache Leben im Seeaquarium nicht nur kontrolliert, sondern auch reguliert: ich meine den Großen Zackenbarsch (Serranus gigas), den schon die phönizischen Fischer für bemerkenswert hielten.

Jetzt hielt es meinen Nebenmann nicht mehr, er sprang auf, er wollte tatsächlich wissen, was denn das Bemerkenswerte am Großen Zackenbarsch sei, und das Männchen antwortete bereitwillig; stellte also fest, daß der Große Zackenbarsch sich durch keinen Köder verführen lasse, mithin unbestechlich sei. Obwohl er einen nennenswerten Appetit habe, fuhr er fort, verschlinge er die Beute nicht wahllos, sondern, wie schon die Phönizier beobachtet haben, nach aufschlußreichem Prinzip: als Gegner modischer Extravaganz schnappe er sich vorzugsweise, was blendet, was verschleiert, was garniert und dekoriert und sich arg verstellt, zum Beispiel Papagei- und Trompetenfisch, Schleierschwanz und Kofferfisch. Sein Wirken, sagte der Referent, habe durchaus etwas Richterliches; oder genauer: etwas Anklägerisches. Indem der Große Zackenbarsch nun aber auf seine eigene Art eine Auswahl treffe, begünstige, ja rechtfertige er andere Erscheinungen des Schöpfungstextes, so zum Beispiel den redlichen Kabeljau, den Laternenfisch und das humorvolle Seepferdchen. Anklage und Verteidigung, so bilanzierte der Referent, sie gehören immer zusammen.

Zugegeben: im ersten Augenblick glaubte ich mich wirklich verhört zu haben, doch was aus einer Ecke zu mir drang, war tatsächlich Beifall; und als das Männchen bemerkte, daß der Große Zackenbarsch gewissermaßen das juristische Prinzip im Seeaquarium darstelle, erntete er zustimmendes Schmunzeln. Die Aufmerksamkeit steigerte sich, als der ewige Zwischenrufer fragte, ob dieser bemerkenswerte Zackenbarsch sich nicht auch mal irren könnte, verhängnisvoll irren könnte. Das ist wahr, sagte der Referent; trotz aller Erfahrung, trotz enormen Unterscheidungsvermögens irre er sich mitunter, aber noch sein Irrtum – so krähte er – ist insofern bedeutsam, als er auf die exemplarische Funktion einer Erscheinung verweist, die in sich Ankläger und Verteidiger vereinigt. Ja oder nein: wer den Mut zu letzter Klarheit aufbringt, ist irrtumsfähig; nur ein taktisches Sowohl-als-auch schützt vor Irrtümern.

Für immer rätselhaft wird mir das Verhalten des Auditoriums bleiben: je länger der Referent sprach, desto spürbarer ließen Unduldsamkeit und Gereiztheit nach, ein maulender Zuhörer, dem das Thema verfehlt schien, wurde ausgezischt, und nachdem er und drei, vier weitere Unzufriedene den Saal verlassen hatten, lud das

Männchen zu einer Diskussion ein, wie sie erschöpfender und beziehungsreicher nicht gedacht werden kann. Entspannt lauschte ich dem Frage- und Antwortspiel. Da wurde heiter gefragt, ob man dem Zackenbarsch Maßstäbe zugute halten könne, und der Referent sagte: Wohl nur seine eigenen. Ob dieser Richter im Seeaquarium sich auf irgendeinen Auftrag berufen könne, wurde gefragt. Der Referent schüttelte den Kopf. Offenbar waltet er seines Amtes, sagte er, weil er Meinungen hat, weil er also – zum Beispiel – Anspruch und Vermögen des Papageienfisches beurteilen kann. Und weiter ging es in sonderbarem Einverständnis; keine Frage brachte den Referenten in Verlegenheit, selbst als einer wissen wollte, ob der Große Zackenbarsch auch eine gesellschaftliche Funktion erfülle, gab er bereitwillig, wenn auch etwas gequält, Antwort.

Plötzlich erschrak ich. Als ich einmal zufällig zur offenen Tür blickte, erkannte ich zwei Sanitäter, die die Treppe heraufstürmten. Ich wußte sofort, wohin sie wollten. Von Sorge bestimmt, verließ ich den Vortragssaal, angegiftet und von ungnädigen Blicken begeisterter Zuhörer begleitet.

Blunsch-Hochfels, mein Direktor, lag ächzend in seinem Sessel und überließ gerade eine schlappe Hand einem der Sanitäter. Der Hausmeister, der die Sanitäter gerufen hatte, machte mir überflüssigerweise ein Zeichen, leise aufzutreten. Ich übersah sein Zeichen. Ich trat in den Gesichtskreis des Zusammengebrochenen und fragte, was geschehen sei. Mühevoll, wie es seiner Lage entsprach, öffnete mein Direktor die Augen und sagte: Botho von Sippel ... abgesagt ... seine Schwester hat eben angerufen. Der banalste Grund: Autounfall. Aber er ist doch erst morgen dran, sagte ich. Niemand kann Botho von Sippel ersetzen, sagte mein Direktor, niemand ist so geeignet, über ›Geist und Macht‹ zu sprechen, wie er. Über ›Geist und Macht‹? fragte ich und gab schon einem Einfall nach. Über ›Geist und Macht‹, bestätigte mein Direktor. In diesem Augenblick drang aus dem großen Vortragssaal ein Beifall zu uns herauf, wie wir ihn nur sehr selten gehört hatten, frenetisch zunächst und dann rhythmisch. Wem gilt das? fragte Blunsch-Hochfels matt und verwirrt, und ich darauf, spontan: Wem? Dem Großen Zackenbarsch.

Hanna Johansen

Puschkin singen

Ich glaube, ich werde alt. Innen drin sitzt die Vergangenheit, in zahllosen kleinen Muskeln, die sich gekrümmt haben, wie es die Erfahrung verlangte, und dann so geblieben sind. Sie erzählen mir, wie es früher war, ob ich es wissen will oder nicht. Auf diese Weise ist alles noch da, und ich weiß kaum, wie alt ich wirklich bin.

Nach Kalifornien war ich geflogen, nur für ein paar Wochen, denn ich mußte etwas lernen. Zu Hause wollte ich dieses Wissen weitergeben an andere, die es brauchen konnten. Acht Doppelstunden über das Thema: Wie befreie ich mich von Liebhabern und andern Drogen. In einem gewöhnlichen Unterrichtszimmer konnte man ungewöhnliche Einsichten gewinnen. Außerdem bekamen wir eine lange Literaturliste.

Zwischendurch, um meinen Kopf aus den Büchern zu heben und etwas Ernstzunehmendes einzuatmen, bin ich an den Ozean gegangen. Sie haben ihn dort gleich nebenan. Ihm zuzuhören war ebenfalls neu für mich und so fesselnd, daß ich keine von den Schallplatten, die ich sonst höre, vermißt habe. Barfuß lief ich nach Norden und konnte es nicht glauben. Durch einen leichten Dunst gemildert, schien die Sonne hinter mir her. Nur hin und wieder kamen mir Menschen in Turnschuhen entgegengelaufen. Ich blieb stehen und machte die Augen auf. Im Westen, wo man nichts mehr sah, wanderten die Wale. Ich kann an keinem Meer stehen, ohne daß der Wunsch, darin einzutauchen, so stark wird, daß ich es tun muß. Der Ozean war leer, weil es Winter war, aber das hat mich nicht gestört. Mut braucht man dazu nicht. Und der Winter war nicht wie unsere Winter.

Als ich wieder herausrannte, lachte ich, um die Kälte nicht zu merken.

Ich war eben dabei, mich in meinen Schal und den Mantel einzuwickeln, als eine Frau gegangen kam, ein paar Schritte den Strand herauf, und dann, klein, bei mir stehenblieb. Sie war schon alt. Ihre blauen Augen sahen zu mir auf, als hätten wir einmal viel Zeit miteinander verbracht.

Ziehen Sie sich gut an, sagte sie. Sie dürfen sich nicht erkälten.

Ja, sagte ich. Wenn man sich nicht fürchtet, erkältet man sich nicht.

Sie wartete, bis ich mit dem Anziehen fertig war. Meine Haut fühlte sich an, als wäre ich endlich die Person geworden, die ich immer sein wollte. Dann begannen wir, miteinander zurückzugehen.

Mein Name ist Vjera, sagte sie, indem sie stehenblieb und meine Hand nahm.

Vjera, wie schön. So hatte ich es noch nie gehört. Ich heiße Katharina. Vjera glaubte, daß es ein russischer Name war.

So standen wir, mit dem Rücken zum Wind, zum Meer, und sahen zum Kliff hinauf und den grünen Verzierungen der Verandenlauben, wo Generationen von Emigranten ihre freien Stunden zugebracht hatten. Über ihnen erhoben sich unverrückbar die Stämme der Palmen. Wir wußten beide, daß der erste Stoß des Erdbebens, das hier täglich erwartet wurde, sie aus ihren Angeln reißen und in die Flutwellen des Meeres hinunterstürzen würde. Jetzt dagegen sahen sie genauso aus wie auf einer Postkarte, welche der Mann, der mich schon seit zwei Jahren nicht mehr brauchen konnte, mir einmal geschickt hatte mit den Worten: Dies ist der Ort, wo du erfährst, wer du bist. Und dann mußt du den Mut aufbringen, es nicht mehr zu vergessen. Er hatte diesen Mut, denn von da an wollte er mich nicht mehr sehen.

Ich gehe jeden Tag neun Meilen, sagte Vjera.
So viel.
Ich weiß, sagte sie. Die andern laufen. Ich gehe.
Seit fünf Jahren lebte sie hier.

Wie leben Sie? sagte ich.
Allein. Ich bin Pianistin.
Meine Füße begannen unruhig zu werden. Wir gingen wieder.
Kann man Sie einmal hören?
Jetzt nicht, sagte Vjera. Sonst schon.
Ihr Sohn lebte in einer der Wüsten, wo Industrien wachsen, von denen vor dem Krieg noch niemand geträumt hat.
Vor welchem Krieg?
Dem letzten, sagte Vjera mit einer Gelassenheit, die ich ihr nicht zugetraut hatte. Warum es ihren Sohn in die Wüste zog, war ihr nie ganz klargeworden, obwohl sie zugab, daß die Wüste schön war. Sein Arbeitsplatz allein konnte es nicht sein, denn zu denen, die seinen Fähigkeiten entsprachen, wurde er nicht zugelassen, und ein einfacher Job hätte sich auch in der Stadt finden lassen. Es ist nicht weit, sagte sie, und ihre ozeanblauen Augen schauten weit über den wolkenlosen Horizont des Wassers nach Westen. So wie die Dinge lagen, konnte sie ihren Sohn ungefähr zweimal im Jahr sehen.
Meine Tochter, sagte sie, ist noch zu Hause.
Vjera konnte dort nicht bleiben. Ich bin froh, daß ich hier bin, flüsterte sie, und ihre Augen füllten sich mit Tränen. Sehn Sie nur diesen Winter hier an.
Sie haben doch ein Klavier? sagte ich.

Oh, ja. Und es stört keinen, wenn ich spiele.

Sie blieb stehen, nahm ihre Hände aus den Taschen der Windjacke, hob sie vor die Augen, um sie dann waagerecht auszubreiten. Der Wind strich über sie hin. Vjera konnte trotz der Kälte ihre Finger vollkommen ruhig halten. Sie waren zart, hatten die Farbe des Elfenbeins und zeigten Spuren von Falten, die vor langer Zeit entstanden, dann aber durch das Alter in Vergessenheit geraten waren.

Vjera ballte die Hände zu kleinen Fäusten und klemmte sie unter die Achselhöhlen, jede unter die ihre, nicht, wie ich es getan hätte, indem sie die Arme kreuzte. Langsam und tief ging ihr Atem ein und aus.

Katharina, sagte sie.

Ich breitete die Arme aus, weil ich vor dem Wind keine Angst hatte.

Ich habe Sie nie gesehen, sagte Vjera.

Ich gehe jeden Tag ans Meer.

Da lächelte sie. Frauen in Ihrem Alter tun das sonst nicht. Wie lange sind Sie schon hier?

Zwei Wochen.

Dann sind Sie noch ganz am Anfang.

Ich nickte.

Sie werden doch hierbleiben? Ihre Stimme war plötzlich leise und wäre im Rauschen einer Welle fast untergegangen.

Nein. Ich mußte in einem Monat zurück nach

Europa. Bis dahin hoffte ich so viel gelernt zu haben, daß ich über die Liebe nicht nur reden, sondern mich auch meinem Wissensstand entsprechend verhalten konnte. Es ist zwar gebräuchlich, daß man einem Mann, den man nicht mehr erreicht, jahrelang nachtrauert, als müsse die Erlösung doch von ihm kommen. Aber darum ist es trotzdem eine Unsitte. Die Forschung kann es beweisen.

Seit ich nicht mehr gebraucht wurde, hatten meine Hände die Gewohnheit angenommen, sich an den Oberarmen festzuklammern. Das hatten sie auch früher schon getan, jetzt aber fingen meine Arme an wehzutun, weil es mich so viel Kraft kostete. Der Ozean sollte mir helfen, das aufzugeben.

Ist Ihnen warm genug? sagte Vjera.

Ja.

Sie kennen den Krieg nicht.

Doch. Mein Leben hat damit angefangen.

Das Kliff leuchtete. Manchmal verfielen die trockenen Palmwedel, die in der Nähe der Stämme hingen, in eine träge Pendelbewegung. Wo sie sich überschnitten, zitterten die Schraffuren. Und immer wieder geschah es, daß die Bäume oben im Grünen übergangslos mit zwei oder drei Wedeln rastlos zu flattern begannen. Auf den Bänken hatte ich viele Sprachen gehört. Auch Russisch.

Letzte Woche hat mir ein Taxifahrer erzählt, daß er aus Rußland sei, sagte ich.

Vjera nickte.

Sie hatte kein Geld zum Taxifahren, denn mit dem Klavierspielen läßt sich nicht viel verdienen. Auch bei mir war es die Ausnahme. Wann immer ich konnte, nahm ich den Bus, dessen Wege mir allerdings schwer durchschaubar und unzuverlässig schienen. Der Taxifahrer war ein unbeschreiblich freundlicher Mensch und fragte mich, wieviel ich bezahlen könne.

Er war Opernsänger. Vor zehn Jahren hat er eine große Zukunft hinter sich gelassen um der Redefreiheit willen.

Bariton?

Ja. Ich wollte wissen, ob er es bereut hat. Nein, hat er gesagt.

Wie heißt er?

Ich wußte es nicht. Man kann doch einen Taxifahrer nicht nach seinem Namen fragen. Und das Schild am Armaturenbrett war ganz und gar unlesbar.

Sie hätten ihn fragen sollen.

In der Meinung, daß Musik sich über die Grenzen hinwegsetzt, habe ich ihn gefragt, ob er nicht auch in diesem Land eine Chance hätte zu singen, aber er hat Vielleicht gesagt und den Kopf geschüttelt. Taxifahren, hat er erklärt, ist nicht schlecht. Man trifft interessante Menschen. Er verdiente genug. Seine Kinder bekamen eine gute Ausbildung. Er selber richtete sich ein und war zufrieden.

Haben Sie ihn einmal singen gehört?

Im Taxi? sagte ich. Nein.

Vjera lächelte, weil sie überzeugt war, daß ich etwas Wunderbares versäumt hatte.

Die langsame Musik des Wellenschlags begleitete ihre Worte und setzte sich fort, als wir schweigend weitergingen.

Haben Sie auf seinen Mund geachtet? Seine Haare allerdings, sagte Vjera, schwarz zwar, aber sie sehen immer ein wenig entmutigt aus.

Sie kannte ihn wirklich. Nur die Haare des Mannes waren inzwischen grau geworden.

Fünf Jahre. Sie schüttelte den Kopf. Und ich habe nicht gewußt, daß er hier ist.

Den schönsten Teil des hölzernen Piers mit seinen Buden und Restaurants hatte das Meer weggerissen. Wir waren schon nähergekommen, sahen die Bruchstellen vor uns, und Vjera erzählte mir, wie es gewesen war, dort weit draußen über dem Meer zu sitzen und zu den Kliffs zurückzuschauen.

Wie hat das Taxi ausgesehen? sagte sie.

Ich erschrak. Sie will ihn suchen, dachte ich. Sie ist verrückt. An die Farbe des Taxis konnte ich mich überhaupt nicht erinnern. Mir war es groß vorgekommen, aber nicht so wie die andern Autos, die hier herumfahren.

Es war alt, sagte ich, hatte eingedrückte Stellen, aber keinen Rost. Das hatte ich mir gemerkt.

Vjera schüttelte langsam den Kopf und lächelte.

Ich mußte ihr die Wahrheit sagen. Es war nicht hier. Es war in San Francisco, wo ich keine Zeit hatte, auf die Busse zu warten.

Oh, sagte sie.

Zwischen uns und dem Kliff breitete sich über Hunderte von Metern der Sand aus. Dort hinüber mußte ich, um in mein Zimmer zu kommen, wo Stapel von Büchern auf mich warteten. Ich blieb stehen.

Vjera hoffte, bald einmal nach San Francisco zu kommen, und sagte: Es soll eine viel schönere Stadt sein.

Sie nahm meine Hand und wandte sich dem Meer zu. Gelassen schob es eine Welle herauf, bis sie sich nach und nach überschlug und das flache Wasser mit Macht zurückgesogen wurde, begleitet vom Rauschen der Kiesel, welches die Tonleiter heraufstieg und erst, wenn es schon fast einem Klingeln glich, vom tieferen Rauschen der nächsten Welle verschlungen wurde.

Schade, daß Sie Puschkin nicht kennen, sagte Vjera. Ja pomnju tschudnoje mgnowenje/Pjeredo mnoj jawilas ty.

Wie schön, sagte ich.

Vjera drückte meine Hand. Ihre Augen suchten in meinem Gesicht und ließen es nicht mehr los. Ihres war vom Gehen größer geworden. Alle Falten hatten sich geglättet und ihrem Blick Platz gemacht.

Darf ich Ihnen etwas vorsingen?

Ich nickte, weil mir kein Wort einfiel, das wirklich gepaßt hätte. Und als die nächste Welle, die sich in der Ferne angedeutet hatte, aufstieg und zu rollen begann, setzte Vjeras Gesang ein.

Ja pomnju tschudnoje mgnowenje/Pjeredo mnoj jawilas ty.

Dann unterbrach sich die Stimme, die zwar an der Oberfläche brüchig war, sich in der Tiefe aber auf eine große Klarheit zu stützen schien.

Verzeihen Sie mir, sagte sie. Es ist das schönste Lied, das wir haben. Doch meine Seele durfte neu erstehen: / Und ich erblickte dich alsbald / Traumgleich, im Vorübergehen, / Reiner Schönheit Lichtgestalt. / Und es schlägt das Herz, befreit / Dem Göttlichen sich hinzugeben, / Begeistert wieder und bereit / Für Tränen, Liebe, Leben. Es ist für eine Männerstimme.

Bitte, singen Sie.

Ohne irre zu werden, ohne nach Worten zu suchen und ohne den Blick abzuwenden, sang sie das ganze Lied, indem sie sich zwischen den Strophen jeweils ein paar Takten des Meeres überließ, das unbeirrbar ein- und ausatmete.

Danke, Vjera, sagte ich, als das Lied aufgehört hatte. Ich brauchte es nicht zu verstehen. Dann ließen wir unsere Hände los, lächelten und wußten nichts mehr zu sagen, bis sie sich abwandte und fortging.

Der Sand, trocken, mit einer feinen Kruste an der Oberfläche, weil es vor zwei Tagen geregnet hatte, war darunter ganz weich. Das fühlte sich an, als bräche man mit jedem Schritt ein, und so sah es auch aus. Die Krusten sind an allen Weltmeeren gleich. Damals, als mein Liebster mich noch brauchte, sind wir auch über Sand gegangen. Aber man achtet nicht darauf, wenn man zu zweit geht, auf die Ufergeräusche des Meeres und des Herzens hört und auf das erlösende Wort wartet. Vielleicht sollte man es tun. Es macht unabhängig.

Roland Koch

Die schöne Bäckerin

Jetzt stand sie vor mir, jetzt konnte ich nicht mehr weg, gerade hatte ich noch auf die Brötchen gezeigt, die ich nehmen wollte, und überlegt, wieviel Rosinenschnecken und Marillentaschen genug waren, da hatte sie mich spöttisch und einverstanden angesehen. Es hatte geregnet, ich hatte mich nur schnell mit etwas Proviant versorgen wollen, ich hatte das Schild gesehen, auf dem »Vollwertbäckerei« stand, und angehalten, ich hatte zuerst nur die Auslagen betrachtet und wollte in Ruhe zählen, was ich brauchte, jetzt stand ich ihr hilflos gegenüber, sie erklärte mir, morgen sei die Auswahl größer, ich stammelte, ich sei nur unterwegs, würde aber gern morgen wiederkommen, das sei ihr sehr recht, sagte sie lachend. Eine Kundin, die neben mir stand, räusperte sich und wollte schon zu ihrer Bestellung ansetzen, wir konnten unsere Augen nicht mehr voneinander lösen, sie hatte sehr dunkle, ich konnte nur noch bis zu ihren Lippen oder ihren Zähnen ausweichen, dann mußte ich bezahlen, sie mußte weiter bedienen, ratlos stand ich auf der Straße.

Es hatte aufgehört zu regnen, sie war vielleicht die Frau des Bäckers, vielleicht auch nur hier angestellt, sie hatte mir aus einem ganz tief ruhenden Selbstbewußtsein heraus zugewinkt, ich hatte klein und verlegen geantwortet, ich hätte mich mit aller Kraft gegen sie anstemmen müssen, um ihr auf gleiche Weise zu erwidern, um sie aufzufangen. Sie war zwischen fünfunddreißig und vierzig, bestimmt war sie verheiratet und hatte Kinder, ich dachte an den Mann, der jede Nacht neben ihr liegen konnte, sie hatte schulterlanges dunkles Haar, einen Seitenscheitel, sie wirkte so unbeschwert und lebensfroh, das war es, was mich an ihr anzog, es war unmöglich, daß sie allein war, vielleicht schätzte ihr Mann sein Glück nicht besonders hoch. Das war hier ein kleines Dorf im südlichsten Österreich, ich ging um das Ortsschild herum, auf dem »Afritz« stand, kaufte in einem Laden eine Zeitung, ich wollte die Kirche besichtigen, die aber abgeschlossen war, durch ein Guckloch sah ich einen goldenen, barocken Altar, ich blieb lange gebückt dort stehen. Ich mußte mich jetzt entscheiden, ich wußte, daß ich nicht mehr wegfahren würde, ich setzte mich ins Auto, das sich von der gerade sichtbar gewordenen Sonne schon wieder aufgeheizt hatte, ich biß in eins der Brötchen, die ich gekauft hatte, konnte aber nichts essen, mein Herz schlug stark. Sie war sicher ein paar Jahre älter als ich, ich wunderte mich, daß mich das nicht störte, ich ging noch einmal um die Bäckerei herum, es war Spätsommer, es war, als sei ich doch noch zu etwas gekommen, als seien meine ganzen erfolglosen Versuche, Urlaub zu machen, doch noch von einem geglückten abgelöst, ich würde einfach eine Nacht hierbleiben.

Ich marschierte kurzentschlossen auf eine gelb gestrichene Pension zu, die am Hang in der Sonne lag, eine ältere Frau arbeitete in der Küche, ich konnte ein Zimmer haben, wenn ich es für drei Nächte nahm, wurde es billiger. Ich sagte sofort zu, brachte mein Gepäck nach oben, ich hatte sogar einen großen Balkon, von dem aus ich die Bäckerei sehen konnte, weiter weg war ein See, aber deswegen war ich nicht hier. Ich hatte schon lange keinen richtigen Urlaub mehr gemacht, auch dieses Jahr hatte ich bis Ende August gewartet, weil ich mich nicht entscheiden konnte, wohin ich fahren sollte, allein konnte es überall ein Mißerfolg werden, man brauchte nur zu lange in einem Hotelzimmer zu sitzen und auf etwas zu warten, das nicht eintraf, ich war dann einfach aufgebrochen, wie selbstverständlich war ich an die Nordsee gefahren, hatte die immer noch vollen Strände gesehen, aber nicht gefunden, was ich suchte. Als das Wetter umschlug und es einen Tag lang regnete, war ich abgereist, ich wollte jetzt in den Süden, ich war schneller dort unten, als ich gedacht hatte, zwei Tage war ich an einem See geblieben, auch hier war ich nicht zufrieden gewesen, die Straße hatte mich gestört, die direkt am Ufer entlang führte, die älteren korpulenten Paare, die hier nackt Federball spielten, ich hatte mich wieder ins Auto gesetzt, um eine einsamere, geschütztere Stelle zu finden, wo ich bleiben konnte.

Der Bäcker war ein dicker, unappetitlich wirkender Mann, vor dem mich meine Vermieterin warnte, sie zeigte mir das Paar vom Fenster des Aufenthaltsraumes aus, als die beiden aus dem Haus kamen und auf die Dorfkneipe zugingen. Es war kurz vor acht, und es wurde fast schon dunkel, die Bäckerin trug ein buntes Sommerkleid, das mir gut gefiel, er hatte einfach nur ein dunkles T-Shirt über seinem Bauch aus der Hose hängen, er sei brutal und unberechenbar, sagte meine Wirtin, er habe ihren Mann schon einmal im Streit angefallen und gewürgt, ich sah erschrocken auf das ungleiche Paar, wie konnte sie mit so einem Widerling zusammensein, sie war lustig und ins Gespräch vertieft neben ihm hergegangen, vielleicht erzählte sie ihm gerade, daß sie heute einem dummen deutschen Touristen schöne Augen gemacht hatte, um sich über ihn lustig zu machen, mir krampfte sich alles zusammen, wenn ich mir vorstellte, wie die beiden Nacht für Nacht ... Ich verabschiedete mich schnell von der Frau, die mir forschend nachsah, und ging hinunter ins Dorf, die Nacht schien klar und kalt zu werden, ich war zu dünn angezogen, aber das kümmerte mich nicht, frierend betrat ich den Gasthof.

Das Bäckerpaar hatte sich etwas zu essen bestellt, beide kauten, als ich hereinkam, ich setzte mich an den Nebentisch und sah ihnen zu, er trank in kurzer Zeit mehrere große Krüge Bier, sie sah mich über den Rand ihres Mostglases an und zwinkerte mir zu, wenn ihr Mann nicht zusah, machte sie mir Zeichen und wiegte den Kopf hin und her, wohl um anzudeuten, daß jetzt nicht der richtige Moment sei. Als sie zu Ende gegessen hatten, sprach sie mich laut an und forderte mich auf, an ihren Tisch zu kommen, er fragte mich geringschätzig, wie lange ich hier Urlaub machen wolle und wo ich herkomme, ich antwortete unbestimmt, er versank allmählich in eine dumpfe Gleichgültigkeit, aber ich war jetzt nicht mehr zu halten, ich saß neben ihr, ich roch ihr Haar, manchmal berührte sie ganz leicht meinen Unterarm, ich wäre jetzt bereit gewesen, mit dem Bäcker zu kämpfen, aber sie schrieb etwas auf einen Bierdeckel und schob ihn mir zu, er hatte nichts bemerkt, dann zahlten die beiden, standen auf und gingen. Ich saß überrumpelt und aufgeregt da, ich hatte mich gerade erst daran gewöhnt, daß sie neben mir saß, jetzt war sie schon wieder weg, sie hatte nur nach sich gerochen, nach ihrer Haut, sie hatte keinen fremden Geruch an sich gehabt, etwa von einem Parfum, ich traute mich lange nicht, den Bierdeckel anzusehen, schon der Anblick ihrer Schrift hätte mich aufs neue dazu bringen können, hinter ihr herzulaufen, den Dikken zu fesseln, zu knebeln und einen Abhang hinunterzurollen. Ich trank nervös das Bier aus, ich bestellte gleich ein neues, es konnte höchstens halb zehn sein, draußen war es stockdunkel, ich war schon der letzte Gast, gleich würden sie hier schließen, ich hielt den Deckel die ganze Zeit in der Hand und rieb mit der Fingerspitze dort, wo ich die Schrift vermutete, es war etwas in die Pappe geprägt, darunter war aber auch eine weiche Kerbung, die von einem Kuli stammen konnte, mir schlug das Herz im Hals, vielleicht hatte sie mich gleich für heute nacht bestellt, mir fiel ein, daß ich einmal gehört hatte, die Kärntnerinnen brauche man nicht zu verführen, die gäben sich von selbst hin, aber so war sie doch nicht, vielleicht hatte sie auch einfach die Worte geschrieben: »Bitte reisen Sie ab«. Ich hielt es nicht mehr aus und konnte mein Glück kaum fassen, als ich las: »Morgen ½1 am Friedhof«, ich verstand zwar nicht, was wir dort sollten, aber ich war nicht mehr in der Lage, darüber nachzudenken. Ich nahm mir einen vollen Bierkrug mit, trug ihn nach oben, trank unterwegs daraus, saß dann in dem einfachen Zimmer und sah die abgenutzten Dinge im Raum an, war ich das noch, der hier saß, ich ging auf den Balkon, konnte aber die Bäckerei nicht mehr erkennen, in der Nacht mußte ich mehrmals über den dunklen Flur zur Toilette gehen, irgendwo hörte ich jemanden schnarchen, ich schlief überhaupt nicht, ich lag nur voller Erwartung im Bett.

Ich war noch wach, als es hell wurde, ich zog die Vorhänge auf, öffnete die Balkontür und ließ die kalte, frische Luft herein, ich sah auf den See, er lag unter einem dicken Nebelriegel, der langsam aufzusteigen schien, ich zitterte, ich war erfüllt von diesem Anblick und von dem, was ich mir wünschte, ich blieb noch zwei Stunden im Bett, schlief aber nicht mehr ein, um halb neun frühstückte ich, danach kaufte ich wieder eine Zeitung, ging aber nicht in die Bäckerei. Ich schlenderte auf und ab, gelangte schließlich bis zum öffentlichen Strandbad, fand daneben eine Bank, auf die ich mich setzte, die Sonne wärmte jetzt schon, ich wartete ungeduldig das Vergehen der Zeit ab, vielleicht würde die Bäckerin ja gar nicht kommen, vielleicht lachte sie über mich, oder ihr Mann hielt sie fest, ich wußte nicht, was ich dann tun würde.

Kurz vor zwölf stand ich auf dem Friedhof, ich ging auf und ab, sah mir die kitschigen Grabsteine an, ich war noch nervöser geworden, ich wußte, ich würde sie nicht mehr von mir lassen, wenn sie einmal bei mir war, zwei Arbeiter, die ein ausgehobenes Grab sicherten, beobachteten mich mißtrauisch. Ich blieb still und tat, als bete ich vor einem Grab, da stand sie plötzlich neben mir, griff nach meiner Hand, die viel zu kalt war, und wärmte sie in ihrer, sie lächelte mich an und zog mich vorsichtig weg, wir gingen hinunter zum See, den ganzen Weg nahm ich nur ihre Hand in meiner wahr, ihren Duft, der schwach an Hefe erinnerte, ihre leichten Schritte, sie berührte mich beim Gehen mit Schulter und Hüfte, ich wünschte mir gar nicht mehr, dieses einträchtige Führen und Folgen war das Höchste, was mir zustand. Sie ging mit mir an den Strand, sie kannte einen Platz, an dem jetzt niemand war, wo uns keiner finden würde, es war offenbar der Privatstrand eines Hotels, das schon keine Gäste mehr hatte, wir setzten uns auf die warmen Holzplanken, die als Liegen dienten, sie packte ein paar von ihren Vollwertteilchen aus, reichte mir eins und zwinkerte mir zu. Ich war glücklich, ich wollte die Zeit anhalten, ich wollte, daß alles so blieb, wir saßen nur da und aßen, sahen uns an, sie ging in das Holzhäuschen, das hier stand, und kam im Badeanzug wieder heraus, ich sah sie nicht gerade an, es war zuviel, es war, als seien meine verborgensten Wünsche endlich erfüllt worden, und als traue ich mich nicht, die Geschenke, die vor mir lagen, anzusehen, aus Angst, sie könnten mir wieder weggenommen werden. Sie lehnte sich an mich, summte vor sich hin, sie spielte mit ihren Haaren, sie wollte mit mir ins Wasser gehen, ich hatte keine Badehose dabei, sie lachte und sagte, die brauche ich hier nicht, ich solle mich einfach ausziehen, dann könne sie den Badeanzug ja auch weglassen. Sie warf ihn zwischen meine Sachen, es tat mir weh, sie anzusehen, sie war rundlicher und üppiger, als ich gedacht hatte, wir gingen Hand in Hand ins Wasser, das sauber und sehr warm war, ich sah nur noch ihren Kopf, ihre Haare waren naß und zurückgestrichen, ich sah ihr schönes, gleichmäßiges Gesicht, ich wollte nicht so weit von ihr weg sein, daß ich sie ansehen mußte, ich wollte so dicht neben ihr sein, daß ich nicht diesen beobachtenden Abstand hatte. Immer wieder faßte sie nach meiner Hand, ich hielt sie fest, wir zogen uns gegenseitig unter Wasser, dann war wieder eine Stelle, wo wir stehen konnten, sie umarmte mich heftig und küßte mich, ich dachte, wir könnten zusammen untergehen und versinken, wir hatten uns doch jetzt gefunden.

Sie hatte ein großes Handtuch dabei, wir legten uns zum Trocknen nebeneinander auf die Planken, ich beschrieb ihr, wo ich hergekommen war, ich hatte solche Angst, daß der Nachmittag zu Ende gehen könne und sich nicht wiederholen würde, ich wollte, daß wir immer hier blieben. Sie sah mich an, als habe sie schon alles durchschaut, was ich jemals denken und fühlen konnte, wir lagen still nebeneinander, jetzt bemerkte ich erst den Hintergrund der schneebedeckten Berggipfel, ich atmete die würzige Luft, die schon kühler wurde, ich muß wohl kurz eingeschlafen sein, als ich mich umdrehte, war sie weg, ihre Sachen lagen aber noch neben mir, ihre Schuhe, ihr Badeanzug, sie war sicher ins Wasser gegangen, ich suchte mit den Augen den See ab, ich wartete fast eine Stunde, dann alarmierte ich den Rettungsdienst, ich gab an diesem Tag die Hoffnung nicht auf, sie konnte ja irgendwo an Land gegangen sein, sie wurde auch in den folgenden Tagen nicht gefunden, ich mußte abreisen.

Isabella Nadolny

Der schönste Tag

Robin lehnte sich in seinem Sitz zurück und verschränkte die Arme geduldig vor der Brust. Nach einer Stunde wurden alle Flugreisen uninteressant, weil man durch die winzigen Fenster nichts sah. Und mit sechs Jahren, bald sieben, hatte man auch schon genügend Flüge hinter sich, um sich nicht mehr für all die Knöpfe, Hebel und Riegel zu interessieren, oder sich vorzustellen, man sei selbst der Pilot. Er seufzte und schielte seitwärts zu Miß Pratt, die Pfefferminztabletten lutschte. Erst nach einer ganzen Weile würde sie ihm erlauben, die Bilderbücher aus der karierten Plaidtasche zu nehmen, weil sie der Ansicht war, er verdürbe sich die Augen. Sie selbst schien in ihrer Jugend viel gelesen zu haben: sie trug eine Brille.

Robin schloß die Augen und versuchte sich auszumalen, wie sie ankamen, wie Mami sich freute und wie erstaunt sie sein würde, daß er so gewachsen war. Ob sie merken würde, daß er den gräßlichen Anzug trug, den sie zu Weihnachten geschickt hatte? Der kratzte überall.

Robin sah sich um. Die wenigen anderen Passagiere waren heute auch uninteressanter als beim letzten Flug nach Hause. Wenn Miß Pratt erst einmal ein Gespräch mit den Mitreisenden anfing, gab es sicher eine Gelegenheit, etwas durch die Maschine zu bummeln, zu lächeln und Bonbons geschenkt zu bekommen.

Robin war sich der Wirkung seines Lächelns bewußt. Er war ein hübscher Junge von natürlicher Liebenswürdigkeit und hörte ziemlich geduldig zu, wenn eine alte Dame mit bläulich gefärbtem weißem Haar ihn an sich zog und ihm von ihren Enkeln erzählte.

Selbst die Stewardeß war diesmal langweilig: sie sprach mit ihm, als sei er vier, indem sie sich tief zu ihm niederbeugte und die Hände vor den Knien ineinanderlegte.

Nur eines interessierte Robin: Was war mit dem Mann links vorne los, der so sonderbar regungslos und ungeschickt dasaß und bis zur Brust in eine Decke eingehüllt war? Er hatte schon, als Robin mit Miß Pratt einstieg, in der Maschine gesessen, und mit ihm sein Begleiter, ein Herr unbestimmbaren Alters in dunklem Anzug, der nie lächelte, auch dann nicht, als Robin versehentlich über seinen Fuß stolperte. Dieser ernsthafte Mann nahm auch alles entgegen, was die Stewardeß brachte, als hätte sein Schützling keine Hände. Nach langem Nachdenken kam Robin zu dem Schluß, daß er eine Art Krankenwärter sein müsse. Eine kleine Weile später stahl sich Robin unter einem Vorwand an Miß Pratt vorüber – sie las gerade etwas Spannendes – und betrachtete sich das merkwürdige Paar von vorne. Der dunkelgekleidete Herr las in einer Zeitung, und Robin ließ seine Augen so ungeniert, wie es eben noch artig war, auf dem interessanten Kranken herumwandern, der angestrengt zum Fenster hinausschaute, als gäbe es dort etwas zu sehen. Er war ein schwerer massiver Mann mit einer flachen, etwas eingedrückten Nase, buschigen Brauen und einem Kranz von gemütlichen Fältchen um die Augen. Er war sehr blaß. Robin, der meinte, nun von Miß Pratt und dem Krankenwärter unbeobachtet zu sein, zeigte sein strahlendstes Lächeln und konnte es kaum erwarten, daß in dem Gesicht des großen Mannes eine Antwort aufleuchtete. Der blinzelte zuerst, ein bißchen verlegen, sein Blick huschte rechts und links an Robin vorbei, dann kniff er das rechte Auge zu und lächelte zurück. Dabei gab er seinem Kopf einen kleinen, fast unmerklichen Ruck, als wolle er damit andeuten, daß Robin wieder auf seinen Platz gehen solle, und als sei der ganze Vorgang ein Geheimnis zwischen ihm und Robin. Robin war sehr verblüfft, wandte sich aber nach kurzem Zögern ab und stieg wieder über Miß Pratts Beine zu seinem Fensterplatz. Er hatte bald über Wichtigeres nachzudenken, zum Beispiel darüber, ob ihn das Pony wohl noch erkannte, wenn er kam, und ob der Chauffeur noch der gleiche war. Mami wechselte ihre Chauffeure so oft. Robin konnte nicht verstehen, wie jemand so Reizendes und Schönes wie Mami so unruhig sein und soviel hin und her fahren konnte. Wenn er Miß Pratt fragte, warum er nicht zu Hause leben und dort irgendwo in die Schule gehen konnte, hatte sie immer so unbefriedigend geantwortet und so innige, verständnisheischende Reden geführt, daß es ihm peinlich war, überhaupt gefragt zu haben. Da war Jamie aus seiner Klasse besser, Jamie mit den vielen Sommersprossen, der auf seine besorgten Andeutungen wegen Mami überlegen geäußert hatte, Filmschauspielerinnen seien nun einmal so, ja sie müßten so sein. Es war ein schwacher Trost, aber immerhin ein Trost, den Robin anerkannte.

Die Bücher mit den vielen Bildern waren diesmal auch langweilig. Außerdem war er schrecklich müde. Ob das von der Tablette kam, die Miß Pratt und er im Hotel eingenommen hatten, damit ihnen während des Fluges nicht übel würde? Robin gähnte und beschloß, über die vor sich hin dösende Miß Pratt hinwegzusteigen und die Stewardeß in ihrer Pantry zu besuchen, so hieß das kleine Kabuff, in dem sie alles herrichtete, was dann nach vorne getragen wurde. Vielleicht spielte sie mit ihm Verstecken, so wie die andere

Stewardeß damals, als er in die Weihnachtsferien geflogen war. In der kleinen Kabine neben der Toilette, in der die vielen Schlafdecken für die Nacht aufbewahrt wurden, entdeckte sie ihn bestimmt nicht gleich.

Die Stewardeß war nicht zum Spielen aufgelegt. Doch sie versprach auf Robins höfliche Bitte, ihn dann sofort zu suchen, sie müsse bloß noch einmal nach vorn. Robin verschwand in den kleinen Verschlag des Gepäckraumes, wickelte sich in alle Decken, die er fand, und zog noch einige über sich. Ihm wurde warm und wohlig in diesem Nest. Nach einer Weile war es ihm nicht mehr so wichtig, gefunden zu werden. Gewiegt vom Dröhnen der Motoren schlief er ein und fiel in wirre, unruhige Träume. Er träumte, daß etwas Bedrohliches und Ungeheuerliches mit ihm geschah, fühlte sich gehoben, geschleudert, wobei er sich die Stirn anschlug, hörte Splittern, Krachen und ferne Schreie. Als er erwachte, tönte ihm ein Nachhall im Ohr, der Nachhall eines furchterregenden Geräusches wie von zerschlissener Seide. Mühsam versuchte er, sich auf die andere Seite zu wälzen. Er war noch so müde. Wahrscheinlich war das Bild, das immer über seinem Bett hing, auf ihn heruntergefallen, wie schon einmal. Dann kam er zu dem Schluß, daß er wieder krank sein mußte: der Kopf tat ihm scheußlich weh, er hatte Herzklopfen, das hohl und unheimlich durch eine Stille klang, die es am Tage und bei Licht gar nicht gab. Schließlich bekam er den Kopf frei aus den rauhen Decken. Das erste, was er vermißte, war ein Geräusch, er wußte nur nicht welches. Sicher hatte er wieder hohes Fieber, und die sonderbare kalte Luft, die über sein Gesicht strich, stammte aus dem nassen Schwamm, den sie ihm auf die Stirn gelegt hatten. Die Stille war das Schlimmste, nicht einmal eine Uhr auf dem Nachttisch tickte. Er wünschte sich dringend, daß jemand Licht machte.

»Miß Pratt!« rief er.

Und noch einmal, leiser: »Miß Pratt!«

Vielleicht waren sie in einem Hotel oder so etwas, wo man nachts nicht so laut rufen durfte.

Niemand antwortete. Robin merkte, daß er nicht im Bett lag und daß er auf seinem untergeschlagenen rechten Bein saß. Der Fuß war eingeschlafen und kribbelte. Er richtete sich auf und riß die Augen so weit wie möglich auf. Nein, es war nicht ganz dunkel. Ein graues Licht schien von irgendwoher, ein breiter Streifen graues Licht, und hoch über ihm funkelte ein Stern. Erschreckt kniff Robin die Augen wieder zu. Es konnte unmöglich richtig sein, daß er im Freien war. Wie oft hatte Miß Pratt gesagt, daß ein kleiner Junge nachts in sein Bett gehört, und nicht, wie Robin es sich für seine Pfadfindertour glühend wünschte – in den Wald.

Robin versuchte zu ergründen, was die in großer Höhe schwankenden Zweige, deren Umrisse gegen den grauen Lichtstreifen gerade noch zu erkennen waren, bedeuten konnten, aber eine unangenehme Angst, ähnlich wie schlechtes Gewissen, lähmte ihn.

Nein, er wollte nicht nachdenken. Wenn er nachdachte, würde er irgend etwas Schreckliches entdecken. Er wollte lieber wieder einschlafen. Miß Pratt hatte so oft gesagt, Robin solle nur sein Nachtgebet sprechen und einschlafen, dann werde bis zum Morgen alles von selber wieder gut. In diesem einen Punkt hatte Miß Pratt vielleicht sogar recht.

Robin grub sich tiefer in seine Decken und murmelte hinter geschlossenen Zähnen ›Müde bin ich, geh zur Ruh‹ bis zum Amen. Dann lauschte er noch einmal, leichteren Herzens, auf die Stille, die sich nun mit seiner Zuversicht belebte, und unterschied das Knistern von Zweigen, das Fallen von Tropfen und ein fernes Rauschen oder Wehen. Darüber schlief er ein.

Er erwachte frisch, fast vergnügt und strampelte sich aus seinen Decken in eine Flut von Licht. Die Stimmen der Nacht hatten sich in den Jubel von Hunderten von Vögeln verwandelt, einer saß sogar ganz nah. Er war groß und bunt, und Robin richtete sich vorsichtig auf, um ihn nicht zu verscheuchen. Die Stirn tat ihm immer noch weh, es stach ein wenig darin, und er hob die Hand, um sie zu befühlen. Dabei flog der Vogel auf, und Robin sah sich den Platz an, auf dem er stand. Es war eine Art Lichtung unterhalb großer, vom Morgenlicht golden angestrahlter Felswände, rings von hohen Bäumen umgeben. Ein Weg war nirgends zu entdecken, wer wollte, konnte den großen Hang zwischen den Bäumen hinunterklettern. Drunten rauschte ein Bach oder Fluß.

Als Robin sich umwandte, erblickte er jenseits der Lichtung Gegenstände, die ihn regungslos innehalten ließen. Es waren riesige, verbogene und verbeulte Blechteile von irgend etwas, das vielleicht einmal ein Flugzeug gewesen war. Mit angehaltenem Atem ließ Robin seine Augen wandern und entdeckte, über die ganze Lichtung verstreut, seltsame Stücke und Bündel, vor denen ihn eine unbegreifliche Angst überfiel. Ihm war, als richte sich zwischen der auf diese Weise verunstalteten Lichtung und ihm eine Mauer auf, die zu übersteigen nicht ratsam war.

Er steckte die Hände in die Taschen und stieß dabei auf die kleine Schokoladentafel mit dem bunten Bild darauf, die er sich damals – wann war es nur – gestern? – in der Hotelhalle gekauft hatte. Er zog sie heraus und besah sie genau. Sie war ein bißchen weich geworden, weil er darauf gelegen hatte, aber das Bild war tadellos und wie neu:

Die Bremer Stadtmusikanten, alle vier. Beim Anblick der bunten Tiere schlug Robins Herz ruhiger. Es würde sicherlich alles bald wieder in Ordnung kommen. Das Flugzeug war einfach heruntergefallen, und er mit. Die Insassen hatten ihn vergessen und waren weggegangen. Sie kamen bestimmt wieder, um ihn zu suchen. Miß Pratt und Mami würden Leute schicken, die ihn suchten. Einstweilen konnte er sich ja hier etwas umsehen.

Um eine geheime kleine Angst in der Tiefe seines Herzens zu betäuben, trat er besonders forsch auf, überlegte, ob er die Decken auseinandernehmen und ordentlich zusammenfalten sollte, beschloß dann, daß es unter so außergewöhnlichen Umständen nicht nötig sei, und setzte sich in Richtung auf den Hang zum Fluß in Bewegung. Er hielt sich ganz am Rande der Lichtung und machte einen weiten Bogen um die Blechteile und stillen, grauen Bündel aus Stoff. Einige Schritte lang war er ein neugieriger, vergnügter Junge, der über den Nadelboden rutschte, Ameisen betrachtete und ein Steinchen nach ihnen warf. Dann ließ eine Bewegung auf der Lichtung ihn innehalten. Es blitzte etwas in der Sonne neben einem der hoch in die Luft hinausragenden verbogenen Metalldinger, und Robin erkannte eine Gestalt, die sich langsam bewegte.

Es waren also doch nicht alle Leute weggegangen.

Robin stieß in einem langen Atemzug der Erleichterung die Luft aus. Gleich würde auch Miß Pratt zum Vorschein kommen und ihn rufen. Er fand es fast etwas früh und wäre gern noch allein auf Entdeckungsreisen gegangen. Er kauerte sich hinter einen dornigen Strauch und beobachtete die Lichtung scharf, so scharf, daß ihm die Augen zu tränen begannen. Die Gestalt verschwand im Rumpf des kaputten Flugzeugs. Es wurde ganz still. Nichts rührte sich mehr. Doch, dort drüben. Nein, es war nur ein Stück Stoff, das im Winde flatterte. Niemand kam, niemand rief. Robins Herz begann zu klopfen.

Er würde doch lieber gleich zu den anderen zurückkehren, wenn sich einer zeigte, und die Entdeckungsreisen sein lassen. Natürlich würde er niemandem sagen, wie unheimlich ihm zumute gewesen war, nicht einmal Jamie.

Die Gestalt trat nun wieder aus dem verbeulten Blechgehäuse. Es war ein Mann in Hemdsärmeln. Vorsichtig über einiges hinwegtretend, das Robin nicht sehen konnte, packte er sein Bündel zusammen, das er sich mit hastiger Bewegung auf die Schulter schwang, und kam durch das niedere Gestrüpp geradewegs auf Robin zu. Robin erkannte, daß es der kranke Mann war, der so still gesessen hatte.

Plötzlich überfiel ihn das brennende Verlangen, ihn noch einmal lächeln und mit dem Auge zwinkern zu sehen, mit ihm zu sprechen und von ihm zu erfahren, wo die anderen hingegangen waren. Er richtete sich zu voller Höhe auf, um ihm entgegenzugehen. Dabei sah er, daß das Hemd des Mannes zerrissen war, daß er am Halse blutete und daß von einem Metallarmband an seinem rechten Handgelenk ein abgerissenes Kettchen baumelte. Robin hatte gerade noch Zeit, sich zu fragen, ob der kranke Mann vielleicht inzwischen gesund geworden war, als dieser ruckartig stehenblieb.

»Hallo«, sagte Robin halblaut. Etwas schnürte ihm die Kehle zu. Ihm war zumute wie damals, als er in den halbverfallenen Steinbruch gekrochen war und der Boden unter ihm nachgab. Siedendheiß wurde ihm klar, daß er den Mann nicht hätte ansprechen dürfen, der augenscheinlich allein und unbemerkt hatte fortgehen wollen. Nun ließ er sein Bündel zu Boden gleiten und tat einen Schritt auf Robin zu. In seinem Gesicht stand plötzlich eine so fürchterliche, kalte Wut, daß Robin zurückwich. Er war noch nie in seinem Leben bedroht worden, und ihm schien alles Böse und Unbegreifliche, das er je gesehen hatte, sich im Gesicht des Mannes zusammenzudrängen. Er öffnete den Mund, um zu schreien, machte eine Bewegung zur Flucht, rutschte aus und von den niedrigen Büschen nicht aufgehalten, ein Stück den Hang hinunter.

Ein Vogel flog zeternd auf, der Wind rauschte hoch oben in den Baumwipfeln, als sei er ein Echo auf das Rauschen des Flusses, den man nicht sah. Dann war es still bis auf ein fürchterliches Rascheln im dürren Gras ein Stückchen weiter hangabwärts.

Robin hatte eine panische Angst vor Schlangen, und das trockene Rascheln brachte ihn um den Rest seiner Fassung. Alles, was er seit dem Morgen erlebt hatte, entlud sich in einem hemmungslosen Gebrüll. Halb aufgerichtet stützte er sich auf die Hände und schluchzte stoßweise. Die Tränen strömten ihm übers Gesicht und fielen auf seine Brust. Es war ihm jetzt ganz gleich, ob und warum der Mann böse war, die Schlange mußte in seiner nächsten Nähe sein und das verdunkelte jede andere Überlegung. Er rutschte von dem Rascheln weg zu dem fremden Mann hin und streckte die Hand nach ihm aus. Durch Tränenschleier äugte er nach rechts und links, ob irgendwo die Schlange lauerte, und hörte eine barsche Stimme über sich fragen: »Hast du dir weh getan?«

»Nein«, schluchzte Robin und wischte sich mit dem Ärmel die Nase.

»Los, steh auf!« sagte die Stimme. Robin schnüffelte, suchte mit der Linken sein Taschentuch und sah zu dem Mann auf. Es war, als sähe er zum ersten Mal ein menschliches Gesicht.

Die dichten Brauen waren zusammengezogen und bildeten eine Art überhängendes Gebüsch über den tiefliegenden Augen, deren Farbe nicht zu erkennen war. Die Wangen und die Stirn, fahl wie Seife, waren zu abwehrenden Wülsten gefaltet und der Mund auf eine Art zugeschnappt, als fürchte er, beim Öffnen etwas ausspucken zu müssen. Das einzig Lebendige war eine dicke Ader, die an der Schläfe klopfte. Es war wohl nicht damit zu rechnen, daß der Mann in absehbarer Zeit wieder so blinzeln würde wie damals in dem Flugzeug, an das Robin jetzt so ungern dachte. Er mochte nun auch nicht mehr nach den anderen fragen, die ihn im Stich gelassen hatten, in einer Gegend, in der es Schlangen gab. Robin hatte begriffen, daß der fremde Mann ihn nicht wollte und nicht brauchen konnte, wenn er auch nicht verstand, warum. Trotzdem fand er es ganz natürlich, daß eine große haarige Hand jetzt nach dem Bündel griff und es wieder aufnahm und daß der Mann zögernd stehenblieb, während Robin sich die Knie abklopfte.

»Müssen wir denn nicht ...«, begann er und machte eine Bewegung auf die Lichtung zu.

»Nein«, sagte der Mann kurz, »komm jetzt.« In seinem Gesicht hatte sich etwas verändert, ohne daß man genau sagen konnte, was. Er wandte sich brüsk zum Gehen, und Robin trottete hinter ihm drein.

Der schwere Körper des Mannes, der beruhigend nach Stoff, Schweiß und Tabak roch, teilte das Gestrüpp vor ihm, und seine Tritte scheuchten alle Schlangen weg, die da sein mochten. Der Nadelboden war stellenweise sehr glatt, es ging steil hinunter zum Fluß. Die Zweige schnellten zurück und schlugen Robin ins Gesicht. Zweimal rutschte er aus. Beim dritten Mal ging er zufällig an der Seite des Mannes und griff nach dessen schlaff herunterhängender Hand. Eine Sekunde blieb sie leblos, dann schloß sie sich um die seine.

Es war Robin, als sei nun vieles wieder gut, ja eigentlich alles, und die Freude darüber breitete sich sanft und warm in ihm aus, bis hinunter zu den Zehen. Die Vögel sangen viel lauter, Robin konnte sich nicht erinnern, sie vorher gehört zu haben. Der Fluß rauschte nun ganz nah. Robin war gespannt, wie es drunten am Wasser aussehen würde. Einmal sah er einen Strauch mit großen, roten Beeren, auf die er den Mann nicht aufmerksam zu machen wagte, weil der noch immer so finster aussah und so hartnäckig schwieg. Sicherlich tat ihm die Wunde am Halse weh, zu der Robin von Zeit zu Zeit rasch hinauf- und wieder wegblickte.

Der Fluß war überraschend breit und stattlich, er verschwand bald hinter einer waldigen Kurve.

Der Mann blieb stehen und sah sich aufmerksam um, ja er stieg sogar auf einen hohen Baum und ließ Robin drunten neben seinem Bündel stehen. Robin konnte nicht anders, er mußte es ein bißchen betasten. Es schienen nur Decken zu sein. Als der Mann wieder heruntergestiegen kam, war ihm nicht anzumerken, ob er den richtigen Weg entdeckt hatte oder nicht. Es mußten ja nun bald Häuser kommen, in denen man essen, schlafen und mit Mami telefonieren konnte. Vorläufig waren sie nicht zu sehen, kein Dach, kein aufsteigender Rauch, nichts als Wald und Felsen zu beiden Ufern des Flusses, der rasch dahinzog und in der Sonne blendete.

Der Mann trat mit großen Schritten in den Uferkies, ließ sich auf ein Knie nieder und wusch sich das Gesicht und sein linkes Handgelenk, in dem sich tiefe, blutunterlaufene Striemen abzeichneten.

Robin zog die Strümpfe aus und hing die Beine ins Wasser, das grausam kalt in die Zehen schnitt. Er schnaufte vor Schreck und Vergnügen und zog sie bald wieder ins Trockene. Dann fühlte er in seiner Tasche nach, holte die Schokolade mit dem Märchenbild heraus und bot sie schweigend und voll zurückhaltendem Stolz seinem Nachbarn an.

Einen Augenblick kam Bewegung in das Gesicht des Mannes. Robin hoffte schon, es würde das Zwinkern daraus werden, nach dem er sich sehnte, doch die buschigen Brauen schoben sich wieder zusammen wie ein Riegel vor eine Tür. Immerhin nahm der Mann ein kleines Stückchen von der Schokolade und dankte undeutlich murmelnd. Mehr wollte er nicht, er mochte wohl nichts Süßes.

Sie blieben am Flußufer. Auf den flachen kiesigen Rändern ging es sich gut, und nur manchmal mußten sie weit über einen Felsblock und durch Tannenhänge kriechen, wo der Fluß sich tief ins Gestein eingegraben hatte. Sie kamen nur langsam vorwärts, oder vielleicht war der Fluß überall gleich. Beim Zurückblicken konnte Robin nicht mehr erkennen, von welchem Hang sie heruntergestiegen waren. Er wollte es auch gar nicht mehr. Es war gut und tröstlich, den vor ihm wandernden breiten Rücken im zerrissenen Hemd anzuschauen und auf das Wasser zu horchen, während man Fuß vor Fuß setzte. Der Mann und er konnten gut Indianer auf dem Kriegspfad sein, oder Bleichgesichter, die dem Marterpfahl entronnen waren und nun zum Fort zurückkehrten.

Es war Robin gleichgültig, ob dies der richtige Weg war. Irgendwo mußte der Fluß ja münden, und dann waren sie am Meer. Am Meer lag auch Mamis Haus, aber vielleicht an einem anderen. Es gab mehrere, das hatte er gelernt. Immerhin –

vielleicht gab es eine Verbindung zwischen dem einen Meer und dem anderen.

Der Mann ging schnell. Robin war ganz atemlos und mußte stehenbleiben, um sich den Schweiß abzuwischen und einige Mückenstiche zu kratzen. Da wandte der Mann den Kopf nach ihm. Sein Gesicht war jetzt rot und glitzerte, aber sein Mund sah nicht mehr aus, als müsse er etwas Bitteres probieren. Er blieb sogar stehen, bis Robin ihn eingeholt hatte.

Es geschah ganz plötzlich, daß der Mann sein Bündel fallen ließ und samt Strümpfen und Schuhen in eine seichte Ausbuchtung des Flusses sprang. Ehe Robin begriff, was das werden sollte, hatte er sich nach etwas Schlagendem, Zappelndem gebückt, das ihm immer wieder entwischte, das er aber doch endlich auf den Kies schleudern konnte. Robin stürzte herzu, um sich den großen Fisch anzusehen, und ließ sich neben ihm auf die Knie nieder. Er tippte mit dem Finger auf die sich öffnenden und schließenden Kiemen, und dabei geschah es, daß er einen gehörigen Schwanzschlag abbekam. Er wich erschreckt zurück und setzte sich auf den Hosenboden, und darüber lachte der Mann. Es war ein tief aus dem Leibe kommendes Lachen, das in hustenähnlichen Stößen endete. Robin war so erstaunt über dieses Lachen, daß er nicht den Fisch, sondern den Mann ansah, in dessen Gesicht es arbeitete und zuckte, als solle ein Weinen daraus werden, während das Gelächter weiterging. Robin stimmte mit ein und fuhr sich mit dem Ärmel übers Gesicht.

»Hoho«, sagte der Mann zu dem Fisch, »so einer!« Er lachte noch ein letztes Mal auf, ehe er ihn ergriff und ihm mit einem Stein den Kopf zerschlug.

»Wie hast du ihn so plötzlich gekriegt?« fragte Robin bewundernd und kam wieder auf die Füße.

»Er war verletzt«, sagte der Mann, »da, schau her.« Robin sah die Wunde, die wie ein schartiger Mund in der zartfarbenen getupften Haut des Tieres klaffte. Der Mann wandte den Fisch hin und her und sagte: »Wenn wir jetzt ein Messer hätten...«

Robin errötete vor Freude und kostete den Augenblick bis zur Neige aus, ehe er antwortete: »Du hast wohl keines?«

»Nein«, sagte der Mann trocken, »das haben sie mir abgenommen.«

»Aber ich«, sagte Robin und versuchte, seiner Stimme etwas Männlich-Wurstiges zu geben, »ich habe eines, es ist nur ziemlich klein.«

Er zog es aus der Hosentasche. Es war mit Perlmutter eingelegt und trug als Inschrift einen Gruß aus einem Badeort.

»Gib her«, sagte der Mann und schnitt den Fisch auf, aus dessen Bauch Eingeweide quollen.

»Wie heißt du eigentlich?« fragte Robin, ohne die Augen von den Händen des Mannes zu wenden, die nun blutverschmiert und schuppig im Inneren des Fisches wühlten und rupften.

Der Mann räusperte sich, als müsse er es sich überlegen.

»Tom!« sagte er dann.

»Ich heiße Robin«, meinte Robin beiläufig.

»Wollen wir ihn braten?«

»Ja. Kannst du Reisig zusammensuchen?«

»Hast du Streichhölzer?«

»Nein, ein Feuerzeug.«

Robin stürzte begeistert ins Gebüsch. Es war hier so trocken, hier kam bestimmt keine Schlange jemals her. Er war ganz davon erfüllt, daß er jetzt ein Trapper war, der sein Lagerfeuer errichtete, da fiel ihm Miß Pratts Stimme ein, die ihm immer die Indianerbücher vorgelesen hatte. Etwas an der Erinnerung tat weh, nicht allzu stark, eher wie eine Beule, von der man noch nicht wußte, wie groß sie war.

Doch es gelang ihm, den Gedanken an Miß Pratt, an die Reise und an alles andere, das er vergessen wollte, wegzuschieben, und als das Feuer aufprasselte, fiel ihm das ganz leicht. Er hatte Hunger, und die dringendste Frage war, wie rasch sich die nötige Glut bilden würde, um den Fisch hineinlegen zu können. Der Fisch wurde gar – es dauerte für Robins Ungeduld sehr, sehr lange, sie wurden einigermaßen satt, und Robin fand aus Höflichkeit, daß es auch ohne Salz ganz gut schmeckte.

Tom, dem Gräten um Mund und Kinn hingen, lächelte auf diese Bemerkung hin ein ganz klein wenig mit den Augen.

Robin hoffte einen Augenblick lang, Tom würde dem Bündel, das er jetzt aufschnürte, etwas Feines zum Nachtisch entnehmen, doch er rollte nur Decken auf und breitete sie im Schatten aus. Dann ging er zum Fluß und trank. Er ließ auch Robin trinken und sagte dann: »Los, ruh dich aus. Wir werden unsere Kräfte noch brauchen.« Robin war außerordentlich stolz über das »wir« und deutete an, er sei nicht im geringsten müde. Der Mann, der Tom hieß, ließ sich auf keinerlei Widerrede ein, streckte sich auf die Decke und legte den Arm hinter den Kopf. Er blickte in die grüngoldene Blätterlandschaft über sich empor, und sein Gesicht war gelöst und friedfertig, beinahe glücklich, als sähe er etwas Liebes und Vertrautes, das er lange entbehrt hatte. Robin beschloß, neben ihm wach zu bleiben. Tom sollte nicht meinen, daß ein Junge dem freien Leben in der Wildnis nicht gewachsen war. Eine Wurzel oder ein kleiner Tannenzapfen drückte ihn zwischen den Schulterblättern. Er rollte sich auf die Seite und war sofort eingeschlafen.

Er erwachte ganz langsam und hatte Zeit, sich nacheinander darüber klarzuwerden, daß ihm der rechte Fuß weh tat und daß er einen feinen, neuen Freund gefunden hatte, einen Erwachsenen, einen Mann, der vieles wußte und kannte, ohne darüber viel Worte zu verlieren, weil das unter Männern nicht nötig war.

Er konnte nun auch, ohne zu erschrecken, den Geschehnissen der vergangenen Nacht einen Platz einräumen. Sie waren vorüber und taten nicht mehr so weh. In Gedanken tat er einen tapferen Schritt auf die unsichtbare Mauer zu, hinter der die verborgenen Blechteile und regungslosen Bündel lagen, und faßte die Möglichkeit ins Auge, daß Miß Pratt nicht mehr zurückkehrte. Nie mehr. Es war jedoch zu früh, darüber nachzudenken, ob er sie trotz all ihrer Wunderlichkeiten gern gehabt hatte oder nicht. Er würde das später überlegen. Was da geschehen war, kam ihm zu groß, zu ungeheuerlich vor. Vielleicht konnte Tom mitkommen zu Mami und bezeugen, wie alles zusammenhing und daß er, Robin, nichts dafür konnte, ja daß er sich als Trapper und Pfadfinder sehr bewährt hatte. Einem so großen, schweren Mann wie Tom würde Mami augenblicklich glauben. Es war sogar möglich, daß Tom für immer bei ihm blieb.

Er wollte ihn sofort fragen.

Als er die Augen öffnete und sich aufsetzte, blinzelte er in eine goldene und heiße Welt. Die Sonne war zwischen die Zweige der Bäume heruntergeklettert und schien direkt auf seine Dekke. Einen Augenblick meinte er, das Feuer brenne noch, in dem sie den Fisch gebraten hatten. Doch die Stelle, an der es gebrannt hatte, war verschwunden. Es waren Zweige darübergezogen, man sah kein Fleckchen Asche mehr. Und wo war Tom? Robin umfaßte seine Knie, gähnte und sah sich um.

Es tat ihm nicht nur der Fuß weh, sondern auch der Rücken. Er war noch nicht richtig ausgeschlafen.

Wenn sie nun wieder losgingen, dann würde es bestimmt nicht mehr lange dauern, ehe die ersten Häuser kamen. Es würde auch bald Abend sein.

Irgend etwas hatte sich verändert, wie bei allen Spielen, die plötzlich aus einem unerklärlichen Grunde nicht mehr so schön waren, weil sie bald aufhören würden.

Es roch nach Harz und warmem Waldboden, aber dort hinten, dort, wo die Bäume dichter standen, lag schon eine Ahnung der Nacht, die Robin ergriff wie eine kühle Hand.

War Tom wirklich fortgegangen? Robin schaute gespielt gleichgültig nach rechts und links. Es ließ sich nicht leugnen: das Bündel fehlte.

Robin blieb regungslos sitzen und kratzte an seinem Knie. Dann zog er den Schuh aus und betrachtete seinen Fuß. Er hatte sich eine regelrechte Blase gelaufen. Er konzentrierte sich ganz auf diese Blase. Außenherum war sie rot und in der Mitte heller. Es sollte nur ja niemand glauben, daß er sich fürchtete. Er würde noch ein klein wenig ausruhen, dann zum Ufer hinuntersteigen und laut rufen.

Es würde ihn schon jemand hören.

Er zog den Schuh wieder an.

Nein, je mehr er es sich überlegte – er würde doch lieber sofort aufstehen und rufen.

Der Fuß tat beim Gehen viel weher als beim Sitzen. Er würde ihn erst einmal ins Wasser halten. Er humpelte zum Wasser hinunter und hatte gerade das Schuhband aufgeknüpft, als schwere Tritte hinter ihm den Boden erschütterten. Ein wenig Kies spritzte nach beiden Seiten, und da war Tom, rot im Gesicht, das vor Schweiß glitzerte. Seine Augen schienen ein wenig vorzuquellen, und als er nun breit und ermutigend lächelte, sah Robin, daß ihm zwei Zähne fehlten. Dennoch meinte Robin noch nie einen Menschen gesehen zu haben, der so unerhört schön aussah, es sei denn Mami.

Robin lächelte zurück, und seine Mundwinkel zitterten vor Schreck und Erleichterung. Er stellte keine Fragen. Zwischen Männern, die sich aufeinander verlassen konnten, war das überflüssig. Tom schien froh zu sein, ihn noch an der gleichen Stelle zu finden, an der er ihn verlassen hatte. Die

Bewegung, mit der er sich bückte und den Fuß untersuchte, den Robin ihm mit umständlichen Erklärungen zeigte, war Robin so vertraut, als kenne er ihn schon lange, schon ein Leben lang, länger als Jamie mit den Sommersprossen.

»Mit der Blase da kannst du nicht laufen«, entschied Tom, und Robin sah zufrieden auf die störrischen Wirbel um seinen Scheitel nieder. Tom würde schon Rat wissen.

Tom schien es sich gut zu überlegen. Er nahm sein Bündel und ließ es wieder fallen. Dann knüpfte er es auf, entnahm ihm eine Decke, rollte sie zusammen, legte sie sich um den Hals und hob Robin auf seine Schultern. Robin setzte sich bequem zurecht, und nachdem er erst versucht hatte, die Luft anzuhalten, um recht leicht zu sein, stieß er sie in einem langen Atemzug aus.

So gingen sie dahin. Robin wurde ganz vergnügt. Von den Bewegungen unter sich angeregt, fing er an, von seinem Pony zu erzählen, von zu Hause, von Mami, von dem einen Lehrer, der so furchtbar blöd war. Tom war ein guter Zuhörer, der nur selten einen knurrenden Laut der Zustimmung ausstieß. Robin schwatzte von oben herab auf die etwas fettigen, starken Haare nieder, was ihm in den Sinn kam, auch von Jamie mit den Sommersprossen und vom Meer, an das sie bald kommen mußten, dort, wo der Fluß mündete. Miß Pratt erwähnte er nicht und auch nicht die

Reise im Flugzeug. Es war zwar nicht recht vorstellbar, daß der unter ihm schreitende Tom mit dem zerrissenen Hemd der stille Mann im ledernen Sitz gewesen sein sollte, aber ihm brauchte Robin immerhin nichts zu erzählen. Die Dinge, die sich auf der Waldlichtung ereignet hatten, waren ein Geheimnis zwischen ihm und Tom. Auch Tom hatte sie nicht erwähnt.

Der Abend begann sich golden zu färben. Es war, als wanderten sie durch ein Altarbildchen. Der Fluß schimmerte wie Metall, und die Stämme an den Ufern waren in eine Art Rot getaucht, das an Himbeersaft erinnerte.

Robin wurde faul und wortkarg. Manchmal legte er sein Gesicht auf Toms Kopf, bis Tom strauchelte und er sich die Wange an seinem Schädel stieß.

Dann wieder legte er die Hände vor dem Adamsapfel in Toms Hals ineinander und ließ sich ein bißchen nach hinten hängen, ganz bequem.

Toms zerrissenes Hemd hatte über die Schulterblätter einen Aufdruck, und Robin entzifferte, bei jedem Schritt auf seinem hohen Sitz schwankend, still für sich die Inschrift: Staatsgefängnis Westmoreland.

Er war zu müde, um sich zu fragen, wo Tom das Hemd herhaben mochte. Vielleicht war Tom auf einer Reise von einem Gefängnis fort. Oder von dem einen ins andere. Robin rutschte wieder nach vorne und setzte sich ganz breit über die Inschrift aus Wäschetinte.

Der Fluß rauschte jetzt viel leiser. Auch er schien faul geworden zu sein und langsam dahinzuziehen. Große Kieselinseln ließ er in der Mitte seines Bettes einfach liegen.

Eine Amsel flötete laut, als wolle sie jemanden nachahmen, einen Menschen vielleicht. Robin sah sie deutlich auf ihrem Zweig sitzen, die Kehle gestreckt.

Tom blieb stehen. Hatte auch er sie gehört?

»Siehst du sie, Tom?« fragte Robin schläfrig und legte beide Hände um Toms stacheliges Gesicht, um ihm die rechte Richtung zu geben.

»Ja, ich sehe sie«, sagte Tom, aber er schaute ganz woanders hin. Ohne großes Interesse wandte Robin den Kopf und sah am gegenüberliegenden Ufer des Flusses einige Häuser im Abendschein liegen, aus denen bernsteinfarbener Rauch sich in einen blassen, gläsernen Himmel kräuselte.

»Na, siehst du«, sagte er zufrieden. »Und nun schwimmen wir hinüber. Ich kann schwimmen, Tom. Ich kann bestimmt gut schwimmen – soll ich dir mal zeigen?«

Robin ruderte auf Toms Schultern wild mit den Armen. »Halt dich fest!« sagte Tom.

Robin geriet ins Schwanken, weil Tom sich die Schuhe abstreifte. Dann watete er ins Wasser, sorgfältig nach rechts und links Ausschau haltend.

»Du brauchst keine Angst zu haben«, sagte er, als das Wasser schon um Robins Füße spielte. Es war sehr kalt.

»Ich habe niemals Angst«, erwiderte Robin und krallte seine Hände in Toms Haar.

Ihm war, als hätte er dies alles schon einmal erlebt, nicht genau so, aber ganz ähnlich. Vielleicht kam es auch in einer Geschichte vor.

Merkwürdig, daß die Leute, die in den Häusern wohnten, nicht herausgelaufen kamen und winkten, wo Tom und er doch schon so lange unterwegs waren.

Toms Bewegungen wurden immer langsamer, er setzte die Füße sehr vorsichtig. Robin glaubte schon, er stehe still. Um sein linkes Schienbein bildeten sich kleine Wasserwirbel. Alles um ihn her gleißte und blendete wie ein feuriger Spiegel, die einzige Dunkelheit war Toms Kopf zwischen seinen Schenkeln. Einmal wollte er nach oben blicken, um dem Blenden zu entgehen, und wäre fast ins Wasser gefallen, so schwindlig wurde ihm. Seine Knie krampften sich zusammen, und Tom keuchte. »Tom, lieber Tom«, sagte Robin halblaut und berührte das Ohr unter seiner rechten Hand.

Tom antwortete nicht, sicher hatte er ihn gar nicht gehört, das Geräusch des Wassers war noch zu stark. Er sollte es auch nicht unbedingt hören.

Jetzt stolperte er, und Robin hielt die Luft an. Als er hinunterschaute, bemerkte er, daß das Wasser gefallen war. Das andere Ufer war ganz nahe. Als Tom anfing, mit den Beinen durchs flache Wasser zu schlürfen, wollte Robin unbedingt absteigen. Er fand, nach der großen Anstrengung sei es für Tom jetzt genug. Außerdem wollte er neben ihm gehen und nicht getragen werden.

Er machte sich gehörig naß und humpelte jämmerlich. Das Stück vom Ufer zu den Häusern kam ihm sehr lang vor, aber er war nicht mehr müde, sondern hellwach und neugierig.

»Nicht möglich«, so würden die Leute sagen, »durch den Fluß seid ihr gekommen?« Und dann würden sie Mami anrufen. Robin war stolz darauf, daß er ihre Telefonnummer auswendig wußte.

Aber da war noch etwas anderes, weit Aufregenderes, das ihm Herzklopfen machte und ihn nach Toms Hand greifen ließ. Seit sie den Fluß verlassen hatten, war es, als habe ihn etwas eingeholt, das den ganzen Tag über in geziemendem Abstand hinter ihm geblieben war. Robin war sicher, daß er jetzt alles erfahren würde, was ihm bisher unklar geblieben war, er konnte es kaum erwarten und zugleich fürchtete er sich davor. Was würde Tom den fremden Menschen sagen? Welche Worte würde er wählen?

Tom ging immer langsamer, als hätte nicht Robin, sondern er die Blase an der Ferse. Bei jedem Schritt quatschten und schlabberten seine nassen Sachen um ihn herum. Die Decke um seinen Hals fehlte. Hatte er sie schon vor dem Fluß abgeworfen, oder hatten sie sie verloren?

Es war nicht mehr wichtig. Sie würden morgen nicht mehr Trapper spielen. Sie würden überhaupt nie mehr Trapper spielen. Das Gefühl, daß etwas zu Ende war, ein wehes, warmes Gefühl in der Magengegend, hatte Robin in seinem Leben schon oft empfunden, und es trog nie. Es ging auch immer schnell vorbei, denn dahinter kam etwas Neues, anderes. Tom aber wollte er gern behalten.

Wie rasch die Dämmerung kam, man wußte nicht, ob sie aus den Wiesen aufstieg, zusammen mit dem Heuduft, oder vom Himmel fiel wie der Tau. Schon waren die Umrisse der Häuser ganz nah. Eines der Fenster war erleuchtet, warf aber noch keinen Schein. Gelb wie eine Scheibe Bienenwachs lag es unvermutet zwischen dunklen Wänden.

»Siehst du«, sagte Robin fast feierlich. »Jetzt bekommst du auch trockene Sachen anzuziehen. Und zu essen.«

Es roch nach Dung und Milch, und Robin bekam solchen Hunger, daß er seine Spucke sammeln und hinunterschlucken mußte. Hoch droben im gelblichen Himmel, dort wo er sich in ein blasses Apfelgrün verfärbte, zog eine Entenschar, und ihre Flügel klangen, als schüttele man kleine silberne Glöckchen.

»Du kommst doch mit zu Mami, nicht?« fragte Robin hastig, weil Tom stehengeblieben war und in das erleuchtete Fenster hineinsah. Tom antwortete nicht, wandte sich vom Fenster ab und packte Robin am Handgelenk. Es tat fast weh, aber Robin ließ sich willig die Stufen zur Haustür hinaufführen.

»Du klopfst jetzt und läßt dir zu essen geben«, raunte Tom ihm zu. »Morgen kannst du zu Hause anrufen lassen. Ich muß weg. «

»Warum? Du mußt mitkommen. Du kennst ja auch das Pony noch gar nicht«, beharrte Robin. Es fiel ihm schwer zu flüstern, denn nun war alles gut und gleich würden sie essen und dann schlafen.

»Sei still«, sagte Tom rauh. »Vielleicht schaff' ich's. Vielleicht nicht. Dann kriegen sie mich eben wieder. «

Robin verstand ihn nicht, aber er empfand das, was Tom sagte, als einen Beweis seines Vertrauens. Er stieg die Stufen vorsichtig hinunter wegen der Schmerzen im Fuß, wollte Tom eine männliche, feste Hand reichen, entschloß sich ganz plötzlich anders und schlang beide Arme um Toms pitschnasse Hosen.

»Adieu, Tom«, flüsterte er, zu ihm aufblickend. »Wenn ich groß bin, will ich werden wie du.«

Er hatte es sagen müssen, weil sein Herz übervoll war, aber dann erstieg er die Stufen, so schnell er konnte.

Als er sich umsah, war der Platz vor dem Hause leer. Ein Baum stand da, ein Zaun und dahinter ein Gebüsch.

Robin klopfte an die Tür, er mußte die Faust zuhilfe nehmen, der gebogene Finger machte fast kein Geräusch.

Nun würde das Neue, das andere anfangen, wie schon so oft. Was gewesen war, ließ sich nun überblicken und abschätzen. Es war ein wundervoller Tag, sagte sich Robin, der schönste meines Lebens.

Dann wurde die Tür geöffnet und er trat über die Schwelle.

Peter Härtling

Der fünfundsechzigste Geburtstag

Ihren Sechzigsten zu feiern, hatte Katharina nicht erlaubt. Ich will nicht wissen, daß ich sechzig werde, hatte sie gesagt; was ist das für ein Fest, was kann das für eines werden, und Novotny hatte nachgegeben. Beim Fünfundsechzigsten jedoch insistierte er, warum läßt du dich nicht feiern, du hast es gerade nötig, du mit deinem Leben immer für andere; nie für andere, hatte sie erwidert, immer nur für mich, da habt ihr euch getäuscht, auch wenn es schiefging, ist es meine Angelegenheit gewesen – also wieso? Die Kinder hatten sich eher unwillig geäußert, die langen Reisen beklagt; wenn sie schon gefeiert werden sollte, müßten alle Enkel vorgeführt werden, darauf hatte Katharina bestanden. Es sei ein Umstand, jammerte Peter. Die Widerstände änderten Katharinas Stimmung. Nun bestehe sie auf ihrem Fest, wenn gemauert und gemosert werde, bis auf Annamaria, die selbstverständlich mit Chauffeur kommen werde, ihren Wohlstand vorführen wolle; Novotny, von solchen Gemütsschwankungen in die Enge getrieben, ließ sich nicht mehr mit ihr ein, bereitete, von Achim unterstützt, den großen Tag vor. Nur entscheidende Fragen wurden ihr noch gestellt. In der Wohnung wolle sie niemanden sehen, denn was habe sie in den vergangenen Jahren gewartet auf Briefe, auf Besuche und sei mit Stippvisiten, Durchreisen abgespeist worden, was sie durchaus einsehe, denn was fange man mit einer älteren Person an, die sich ständig nur an Kindheiten erinnere und über die Gegenwart räsoniere, also bleibe, Annamaria ausgenommen, für die anderen die Bude verschlossen, sie sollten ein ordentliches Lokal suchen, es gäbe doch eine Menge, zum Beispiel die »Alte Post« oder den »Hirsch« in Möhringen oder die »Traube« in Plieningen oder den »Ochsen« in Stetten, nur lege sie Wert darauf, wenn sie schon über die Stränge schlügen, überrascht zu werden; laßt mich in Frieden, bis der Tag da ist.

Dennoch brachte sie, für alle Fälle und unter dem Gespött von Achim, die Wohnung auf Hochglanz.

Sie wollte ausbrechen, den Rummel vermeiden, diesen datierten Einschnitt, ein Alter, das ihr gleichgültig war, weil sie es nicht spürte, weil es sich nicht in ihr gesetzt hatte. »Da ich noch ein bißchen jünger bin als Achim mit seinen achtzehn«, hatte sie Annamaria geschrieben, »gibt es zwischen uns keine Schwierigkeiten, wir verstehen uns. Was er treibt, geht mich nichts an, und wenn es mich einmal berührt, sehe ich's ein, was man halt Einsicht nennen kann oder besser vielleicht Einfühlung oder noch besser, es ist schon schwierig, sich zu erklären, Verständnis.«

Immerhin hat sie, nach Jahren, sich ein Kleid schneidern lassen und zugegeben, daß ihr solcher Aufwand durchaus Vergnügen bereite. Schicht für Schicht haben sich nun wieder ansprechbare Szenen gespeichert, so auch, als sie zur Schneiderin ging, befangen, nicht mit dem Selbstvertrauen der Dreißigjährigen (die Mutter von einem Freunde Achims hatte ihr das Atelier empfohlen), noch in dem allzu feinen, mit Haute-Couture-Plakaten bestückten Treppenhaus zögerte, sie hatte sich widerwillig an die früheren Gänge erinnert, in Prag und Brünn, merkwürdig sommerliche Assoziationen, fühlte wieder Stoffe zwischen den Händen, hörte das Weibergeschwätz. Als sie das Kleid, nach der letzten Anprobe, abholte, kam sie sich fast wie eine Verräterin vor: Sie hatte jahrelang so nicht gelebt und sie wollte nicht zurückkehren. Doch das Kleid, weiß, aus einem mit Silberfäden durchwirkten Stoff und lang bis zu den Knöcheln, gefiel ihr, war schön, an einigen Abenden vor dem Geburtstag zog sie es in ihrem Zimmer an, genoß das Gefühl, »anders, nicht alltäglich zu sein«.

Der Winter, feucht, nicht sonderlich kalt, mit rasch wechselnder Witterung, hatte sie angestrengt. An manchem Morgen stand sie nur widerwillig und spät auf, murrte sich durch den Tag, und Ferdinand und Achim gingen ihr aus dem Weg, bis Achim ihr vorwarf, sie führe sich auf wie ein altes Weib, wenn sie ernsthaft krank sei, solle sie es sagen, nur diese Launen, sie seien kaum zu ertragen. So stand sie, seinetwegen, wieder als erste auf, Gliederschmerzen unterdrückend, machte den Männern das Frühstück, schickte sie aus dem Haus.

Die Feier mußte auf ein Wochenende verlegt werden, da, wie Peter ironisch schrieb, »die Kinder auch wegen eines solch bedeutenden Anlasses nicht schulfrei« bekämen.

Also gut, sagte sie.

Dieser Ton, sagte sie.

Novotny erklärte Katharina vier Tage vor dem Ereignis, er habe alles vorbereitet, doch an dem Fest selbst wolle er, aus vielen Gründen, nicht teilnehmen, er zöge es vor, übers Wochenende wegzufahren, auf der Alb zu wandern. Wenn er ihr dies antue, werde sie im letzten Moment alles noch absagen. Es sei ja nur ein Abend. Achim redete ebenfalls auf ihn ein. Novotny gab nach. Benähmen sich die Perchtmann-Kinder freilich weiter so, könne es, das solle sie wissen, zu einem Eklat kommen. Das würde ihr eher Spaß machen, Achim fand, dies sei eine prächtige Einstimmung.

Wo denn nun das Fest stattfinden werde?

Er habe im »Ochsen« in Stetten für den Abend ein Nebenzimmer reservieren lassen.

Das ist ganz nach meinem Geschmack.

Nun wolle sie das Programm des Tages vervollständigen.

Es ist dein Geburtstag, Katharina.

Sie denke gar nicht daran, die Kinder vom Bahnhof abzuholen. Sie wüßten, in welchem Hotel – nicht wahr, es ist das »Royal«? – sie untergebracht seien, und da Annamaria und Wertmüllers mit Wagen kämen, sei es für sie auch kein Umstand, nach Stetten zu gelangen. Der Tag gehöre ihr, sie werde, allein mit Achim, ein wenig im Remstal spazierengehen, wenn das Wetter keinen Strich durch die Rechnung mache.

Und ich?

Sie umarmte Novotny, streichelte ihn. Du wirst ein wenig vor den anderen dort sein, Lieber, und den Einmarsch der Gladiatoren arrangieren.

Manchmal kannst du eigentümlich herzlos sein.

Findest du?

Es war kalt, schneite ein wenig, als sie mit Achim, dem sie für die Schule eine Entschuldigung geschrieben hatte, zum Bahnhof ging.

Was hast du vor, Grummi?

Laß dich überraschen.

Sie fuhren nach Endersbach.

So, jetzt beginnt die Wanderung.

Bei dem Wetter – bist du wahnsinnig? Und wenn du ausrutschst, dir ein Bein brichst, muß ich dich erstens schleppen, und zweitens ist es aus mit der Feier.

Lassen wir's darauf ankommen.

Sie liefen eine Zeitlang auf der Straße nach Strümpfelbach, dann durch die Weinberge. Sie rutschte in der Tat bisweilen ab und begann, um sich zu helfen und Achim zu belustigen, die Gebrechliche zu spielen. Achim war gut einen Kopf größer als sie, und manchmal schaute sie, heftig atmend, zu ihm auf: Gleich mußt du mich schleppen.

Also weißt du, Grummi, wo geht diese Reise eigentlich hin?

Ich weiß, wohin.

Sag schon.

Maultaschen!

Dann geht's ins »Lamm«.

Du bist ein Schlauberger.

Erzähl was, hatte er gebeten, das verkürzt den Weg, doch sie hatte mit der Luft zu kämpfen, es abgelehnt, später, wenn wir es gemütlich haben.

Du hast mir noch gar nicht gratuliert.

Erst heute abend.

Jetzt ist auch schon mein Geburtstag.

Du bist richtig kindisch.

Du weißt gar nicht, wie mir das hilft.

Gegen eins erreichten sie das »Lamm«. Es brauchte eine Weile, bis sie die Finger bewegen konnte.

Hier bleiben wir, sagte sie.

Sie aßen, tranken.

Dieser Wein schmeckt nur am Ort.

Du trinkst auch ganz schön, Grummi.

Hast du was dagegen, Enkel?

Und wenn du heute abend einen sitzen hast?

Sie begann zu erzählen, zusammenhanglos, der Junge hörte zu, nicht immer aufmerksam, es war ihr gleich.

Du weißt gar nicht, wie weit ich zurückdenke, fünf Leben, sechs, das ist nicht ein Leben gewesen, nein.

Trink nicht zuviel, Grummi.

Laß mich, Enkel. Und was ist daraus geworden? Ich könnte heulen.

Tu es bloß nicht.

Unterbrich mich nicht. Geburtstage, lieber Himmel, was habe ich nicht alles geschenkt bekommen und was hat man mir genommen. War es etwas wert? Jetzt habe ich nichts mehr, und vielleicht ist es nur das Pony gewesen, das mich freute, vor fünfhundert Jahren.

Du trinkst zuviel, Grummi.

Ich sag dir, vor fünfhundert Jahren, was hast du für eine Ahnung, wie viele Leben ein Leben haben kann, als damals Vater, in einer Zeit, die, wenn sie beschrieben wird, nicht meine Zeit ist, als ich noch träumen konnte, als es nichts gab, als ein Bündel Gefühle, mehr nicht, Junge, und Glück, und einen Schmerz, der viel größer war als ich oder meine Schatten auf dem Rasen vorm weißen Haus, jetzt bin ich beim Haus, ja, ob es noch steht, so kann es nicht mehr sein, es ist weg, ich bau es in meinem Kopf neu auf, und da kommt Vater, das Pony am Halfter, und legt mir den roten Sattel vor die kleinen weißen Schuh, weißt du, ich sage »kleine weiße Schuh« so, als ob es nicht meine Schuh gewesen wären, als ob sie mich nicht gedrückt hätten, weißer Lack, und ein kleines Mädchen, das ich sehe, das ich war und das glücklich ist, dem Vater um den Hals fällt, wie alt bin ich nur geworden?, ich weiß es nicht mehr, sechs, fünf, sieben, da spielt man mit Jährchen und redet von Jahrhunderten.

Ihr wart schon richtige Plutokraten.

Das ist Unsinn, wir bewohnten eine Fata Morgana, wir hausten in Vaters Visionen, und Mummi machte sie wohnlich, was ihr Jungen für Zeug redet, das ist doch weg, läßt sich nicht wiederholen, oder willst du dich in einem Märchen einrichten?, Enkel, das ist eines gewesen, willst du, daß ich dir einen König rufe, David, du würdest mich auslachen, doch er hat mich viele Male besucht, und seine Gesänge waren unvergleichlich, er hat an meiner Wiege gestanden und mich gesegnet, und er hat sein Reich mitgeschleppt, wohin, das kann ich mir nicht ausmalen, ich bin nicht fromm, ich habe immer nur gespielt – sag, hab ich immer nur gespielt?

Jetzt hast du einen in der Krone.

Nun sprichst du auch schon von der Krone, das kommt davon, weil ich an David gedacht habe, das ist die Krone Davids.

Grummi, reiß dich zusammen.

Das hab ich mein Lebtag tun müssen, warum jetzt?

Bleiben wir hier oder gehen wir noch ein wenig spazieren?

Um fünf holt uns ein Taxi ab.

Große Güte, bis dahin wirst du nicht mehr vernehmungsfähig sein.

Hör zu, Junge, red mir nicht dauernd dazwischen, ich will noch eine Geschichte erzählen, eine einzige, dann können wir uns so unterhalten, wie du willst, nur diese eine Geschichte, wahrscheinlich wirst du sie nicht verstehen, sie ist für mich wichtig, doch vorher muß ich noch mal raus.

Er wollte aufstehen, sie drückte ihn in den Stuhl zurück, ging langsam, sehr aufrecht, durch die Wirtsstube und kehrte nach kurzer Zeit zurück.

Ist dir übel, Grummi?

Du bist ein lieber dummer Bub.
Also sag doch.
Nicht ein bißchen.
Du wolltest eine Geschichte erzählen.
Erzähl du mir eine.
Du hast gesagt, nur diese eine Geschichte.
Ja, das habe ich gesagt; sie beugte sich über den Tisch, schaute ihn an, verschwörerisch.
Das läßt sich nicht zusammenbringen.
Doch, bei dir schon.
Es ist keine Geschichte, es ist, wie soll ich es ausdrücken?, erzählte Erfahrung, denk dir jemanden wie mich, doch halt nicht fest an mir, es ist mir wichtig, daß du dir sagst, eine Person, ähnlich wie die Grummi, aber nicht Grummi, verstehst du?, und was sie im Kopf hat, woran sie täglich denkt, woran sie sich erinnert, manchmal ist es viel, manchmal nichts, ganz selten das ganze Leben – diese Person hat gelebt und plötzlich entdeckt sie, daß sie gelebt worden ist, daß sie wenig dazugetan hat, selbst ein Leben zu führen; meistens sind es andere gewesen; vielleicht hat sie gehandelt nur als Liebende, und wägt sie es ab, waren es auch da Fügungen, Zufälle, denen sie nachgab. Sie hatte, wie eine Katze, sieben Leben. Und spät, viel zu spät, beginnt sie sich zu wehren; doch ihre Umgebung läßt sie die Rolle spielen, die sie einmal begonnen hat, in ihrem siebenten Leben. Sie bemüht sich, alles und alle

abzuschütteln, zu vergessen, denn sie möchte beginnen. Wahrscheinlich ist es das. Aber wie anders fühlt man sein Leben. Das war alles, Enkel. Sie hob das Glas und sagte: In deinem Schwäbisch würdest du jetzt am liebsten antworten: I versteh bloß emmer Bahnhof.

Du bist ein wenig durcheinander, Grummi. Es ist ja auch dein großes Fest. Er stand auf, nahm ihren Kopf in seine Hände, küßte sie auf die Stirn, ohne auf die Leute in der Gaststube zu achten.

Sie bestellte noch ein Viertel, für Achim Traubensaft.

Hör auf, Grummi.

Das ist das letzte Glas. Bald kommt das Taxi.

Versprich's.

Wahrscheinlich bist du meine letzte Liebe, Bub.

Du spinnst. Er nahm sich vor, an diesem Abend auf sie aufzupassen.

Der Wagen brachte sie nach Stetten. Sie schickte Achim in den Gasthof, er solle ihr den Karton mit dem Abendkleid bringen, Novotny habe ihn in Verwahrung. Auf der Toilette zog sie sich, gegen einen stärker werdenden Schwindel ankämpfend, um.

Sie wartete, kam mit dem Reißverschluß nicht zurecht, eine junge Frau half ihr. Die Übelkeit ließ nach, sie tupfte sich Kölnisch an die Schläfen, ordnete sich das Haar.

Gib dir einen Ruck, sagte sie. Geh zu deinen Kindern und dem zweiten Ferdinand, nimm die Parade deiner Enkel ab.

Novotny kam ihr durch die Gaststube entgegen. Drei Schritte und sie merkte, wie sie in die Rolle schlüpfte, die sie den ganzen Abend durchhalten würde.

Novotny musterte sie zufrieden, im Nebenzimmer warteten schon alle, so wenige und doch so viele, er ging ihr voran, sie sah zum ersten Mal, daß er ein wenig mit dem rechten Bein schleifte, oder war auch er zu angestrengt? Sie straffte sich, er öffnete die Tür, alle standen um den Tisch herum und sprachen miteinander, Erwachsene und Kinder. Sie schweigen. Sie macht einige sehr kleine Schritte, steht wieder. Wir haben uns ja lange nicht gesehen, sagt sie, lieber Himmel, seid ihr feierlich, wenn Gutsi noch lebte, sie würde laut ins Taschentuch schnauben.

Annamaria und Achim gratulierten als erste, dann folgten die anderen, sie wurde umringt, die Hände wurden ihr gedrückt, sie bekam Küsse auf Wangen und Stirn, wunderte sich über veränderte Gesichter, dicker gewordene, häßlicher gewordene, sah in Augen, die ihr unbekannt waren. Ich weiß nicht, dachte sie, weshalb Peter, der es ja nun zu etwas gebracht hat, so linkisch geblieben ist, mit seinen vierundvierzig Jahren; das wird Thea sein, ja, das ist Thea, sie ist hübsch, sie weiß es, ich sollte sie fragen, ob sie einen Freund hat, ob sie schon Männern davongelaufen ist, warum fällt mir gerade das ein?, ich stünde gern am Anfang wie sie, sie weiß schon eine Menge; warum Camilla so ekelhaft mit Wertmüller umgeht?, er hat sie schließlich aus dem Schlamassel geholt; die Kleine ist Alma, reizend, sie schielt ein bißchen und hält sich immer an ihre Mutter, Gott, ist die dürr, sie muß eine Abmagerungskur gemacht haben, mir fällt ihr Name nicht ein, irgendein germanischer, ja: Dietlind, man hat Lust, sie auf irgendeine Art aufzuweichen.

Komm, sagt Ferdinand, hier ist dein Platz.

Das Stimmengewirr legte sich. Sie hört, wie Peter seiner Frau mit Betonung das Menü vorliest, geräucherte Forellenfilets, Flädlesuppe – das ist etwas Schwäbisches! –, Fasan auf Weinkraut, Birne Hélène, Mokka, dann die Weine, Stettener Brotwasser, komischer Name!, Uhlbacher Trollinger, Keßler Hochgewächs.

Setz dich doch, Katharina.

Sie hielten sich an die Tischordnung, die Katharina Ferdinand diktiert hatte, was soll ich neben jemandem sitzen, den ich nicht leiden kann. Es sind deine Kinder und Enkel, Katharina. Das tut nichts zur Sache.

Also sitzt zu ihrer Linken Achim, zu ihrer Rechten Ferdinand, ihr gegenüber Peter, zwischen Camilla und Annamaria, dann die anderen.

Du siehst phantastisch aus, sagt Annamaria.

Du solltest, erwidert sie, hinzusetzen: Für dein Alter.

Sei nicht schon wieder boshaft, Mutter.

Ich fühle mich wohl.

Die Wirtin erkundigt sich, ob alles seine Ordnung habe, gratuliert, zündet die Kerzen auf dem Tisch an, macht das Licht aus.

Schon wieder werde übertrieben, so festlich wolle sie es nicht.

Novotny legt ihr die Hand auf den Arm; Achim sagt: Jetzt wirst du gefeiert, Grummi, da kannst du nichts dagegen machen.

Zwei Kellner tragen die Forellen auf, Katharina nippt an dem Wein

Das darfst du nicht, flüstert ihr Achim zu, du mußt warten, bis Onkel Peter einen Toast ausspricht.

Hör auf, Enkel, sie trinkt einen langen Schluck; Peter wartet, bis alle mit dem Hors d'œuvre fertig sind, steht auf, zieht einige Zettel aus der Jakkentasche, ordnet sie, merklich aufgeregt.

Der Druck von Novotnys Hand auf ihrem Arm wird stärker.

Hab keine Sorge, Zweiter, sagt sie leise.

Liebe Mutter, wir alle, deine Kinder und Enkel, wissen, daß du die Vorbereitungen für dieses

Fest mit einem gewissen Unwillen verfolgt hast; dir ist im Laufe deines langen, an Abwechslungen reichen Lebens die Lust am Feiern vergangen, obwohl wir in unserer Kindheit erfahren haben, wie wunderbar du Feste, deren Mittelpunkt du stets warst, gestalten konntest. Das ist, wir wissen es, lange her. Und es ist ohnehin unvorstellbar, was alles du erlebt hast. Deine Kindheit kennen wir vor allem aus den Erzählungen Großmutters und Gutsis. Sie erschien uns seit eh und je wie ein Märchen. Und so wirst du es wohl auch im nachhinein empfinden. Doch auch unsere Kindheit war, Vater und dir sei Dank, reich und sorgenlos. Was dann kam, hast du bewunderungswürdig getragen, du bist Höhen und Tiefen gewachsen gewesen, du hast es immer wieder geschafft. Du hattest es nicht leicht, wir haben dir es vielleicht auch nicht leicht gemacht. Verzeih uns so manche Unterlassung. Dein Alter mag dir Ruhe bescheren. Nun wollen wir auf dich trinken, liebe Mutter.

Alle standen auf, Peter kam um den Tisch herum, sagte, als er sein Glas an das ihre schlug, lang sollst du leben, sie umarmte ihn, danke, Peter, ich weiß gar nicht, weshalb du soviel vom Alter sprichst.

Aber Mutter.

Schon beim Nachtisch löste sich die Ordnung auf, sie setzten sich zu ihr, gingen wieder, redeten mit ihr, fragten sie:

Warum ist Onkel Dieter eigentlich nicht gekommen?

Es geht ihm nicht gut, er hätte als Rentner reisen können, doch er hat ein Raucherbein.

Sag mal, Großmama, ist es wahr, daß du als Kind Pferde gehabt hast?

Ja, eine ganze Herde, Riesenrösser, und wenn ich sie in der Nacht besuchte, haben sie Feuer aus ihren Nüstern geschnaubt.

Das ist geschwindelt.

Ich hab mein Lebtag nie gelogen.

Was ist eigentlich aus Wagner geworden, Mutter?

Vor ein paar Jahren kam ein Brief.

Er lebt?

Er hat in Nördlingen wieder eine große Bäckerei, vielleicht sind die Salzstangen da auf dem Tisch von ihm.

Und du hast ihn nie besuchen wollen?

Weshalb?

Du trinkst schon wieder zuviel, Grummi.

Ich will mich betrinken, Achim, jetzt weißt du es, ich will das überleben, verstehst du?

Ich kann betrunkene Frauen nicht leiden.

In deinem Alter sollte man Vorurteile nicht gedankenlos aussprechen. Magst du betrunkene Männer?

Schon eher.

Wieso?

Weißt du, Mutter, mein Mann hätte ja mitkommen sollen.

Ja, Annamaria, warum ist er eigentlich nicht da?

Er mußte dringend zu einer Sitzung nach Konstanz.

Um so besser, ich kann ihn nicht ausstehen.

Du bist schrecklich.

Sagen Sie –

Seit wann siezt man seine Großmutter, Thea?

Entschuldige.

Du mußt dich nicht entschuldigen, das ist eine Versammlung von Fremden, die miteinander verwandt sind. Was wolltest du wissen?

Vater sagt, du bist in deiner Jugend eine Revolutionärin gewesen.

Sagt er das? Schön wär's gewesen. Hast du einen Freund, Thea?

Ja, wir werden uns demnächst verloben.

Verloben? Muß das sein? Laß ihn wenigstens eine Weile hängen und probier andere aus.

Das geht doch nicht.

Verzeih, Kind, ich bin altmodisch.

Grummi, paß auf dein Kleid auf, du hast Wein verschüttet.

Das gibt keine Flecken, Enkel, und wenn schon, das Kleid zieh ich nie mehr an.

Wie fühlst du dich, Katharina?

Vorzüglich, Zweiter, ich fühl nichts mehr, und das ist gut.

Hast du eigentlich bemerkt, daß Alma schielt?

Ja, Camilla.

Ein solch süßes Geschöpf – das ist schade.

Du solltest dir lieber über deine eigenen Kinder Gedanken machen, Camilla, schielen ist besser als kein Verstand.

Du bist schon wieder unmöglich, Mami.

Ferdinand schlägt mit einem Löffel gegen sein Glas. Er wolle keine Rede halten.

Ich will keine Rede halten. Ich bin ja der einzige in dieser Runde, der nicht zur Verwandtschaft gehört. Mich hat eure Mutter und Großmutter gewissermaßen angenommen. Ihr wißt, daß wir nicht verheiratet sind und es auch nicht vorhaben, zu heiraten. Was ich sagen wollte – ich wollte dir, liebe Katharina, danken für unsere Gemeinschaft und hier, in aller Öffentlichkeit, sagen, wie sehr ich dich bewundere und liebe. Vielleicht können sich die jungen Leute nicht vorstellen, daß es in unserem Alter noch Liebe gibt. Es ist so. Auf dein Wohl, auf dein Leben. Er beugte sich zu ihr hinunter und küßte sie.

Achim klatschte als einziger.

Sie hatte, schon zu Beginn, das Klavier an der Längswand der Stube bemerkt, sich vorgenommen, zu spielen, dann hatte ihr, voller Stolz, Peter gesagt, Tobias besitze eine herrliche Stimme und sein Lehrer am Konservatorium setze große Stücke auf ihn.

Es gibt doch Wiederholungen, sagte sie.

Was meinst du?

Ach nichts.

Sie bat Tobias, auf den sie nicht geachtet hatte, zu sich.

Ich habe ganz vergessen, daß du singst.

Hat Vater es dir nicht geschrieben?

Kann sein, willst du etwas singen, soll ich dich begleiten?

Hast du ein Lieblingslied, Großmutter?

Viele.

Was wünschst du dir?

Ich weiß nicht, ob du es kannst; welche Stimme singst du?

Bariton.

Es könnte sein.

Was?

›Fremd bin ich eingezogen.‹

Ich will es versuchen, es ist schwer.

Er sang es, sie begleitete ihn, hatte eine so volle Stimme nicht erwartet, geriet in der Begleitung durcheinander, sagte, als Tobias zu Ende war und sie ihm dankte, etwas, das er nicht verstand: Onkel David hat immer behauptet, er könne zaubern, nun bin ich sicher.

Ob Achim den Plattenspieler mitgebracht habe? Jetzt wolle man Musik hören und tanzen.

Was zuerst, Grummi? rief Achim durch das Zimmer.

Die Rolling Stones, ›Got live if you want it‹.

Sie ist und bleibt meschugge, sagte Camilla zu ihrem Mann.

Die Jungen tanzten, sie saß, ihnen zugewendet, die Beine von sich gestreckt, sie hatte Schmerzen.

Sie klatschte Achim ab, der mit Susanne Wertmüller tanzte.

Du kannst es, wo hast du es gelernt, Grummi?

Ich hab es euch abgeschaut.

Sie tanzte oft, geriet außer Atem, Ferdinand drängte zum Aufbruch, Achim mahnte immer wieder, sie solle nicht soviel trinken, sie ist betrunken, hörte sie Dietlind sagen, sie ist doch schrecklich, in diesem Alter, sie sang die Songs mit, die Achim zu Hause ununterbrochen spielte.

Ja, ich geh ja schon, ja, wir gehen ja gleich. Sie bat Achim, den Apparat abzustellen. Es war schön, sagte sie, und mit erhobener Stimme: Halt, rennt nicht gleich weg! Jetzt kommt nämlich meine Rede, sie wird nicht lang sein, habt keine Angst. Mir ist ein bißchen übel, der Tag war lang. Ich bin fünfundsechzig, die Alte ist fünfundsechzig – glaubt ihr, ich will euch in diesem Glauben lassen? Ich bin es nicht. Und ich frage mich, was habe ich mit euch allen zu tun. Einige von euch habe ich auf die Welt gebracht, das ist alles. Der Krieg – wie lang das schon wieder her ist – hat euch früh von mir fortgeholt, und zurückgekehrt seid ihr nie. Das habe ich auch nicht erwartet. Offenbar nehmen Kinder an, ihre Mütter liebten sie, auch wenn sie fern sind und keinen Anlaß zur Liebe geben. So ist es nicht. Das will ich nur klargemacht haben. Ihr seid da. Gut. Ich kenne euch. Ich habe euch irgendwann einmal geliebt, eure Kinder gefallen mir. Sie reden mich, weil ich ihnen fremd bin, aus Versehen und weil sie einen Augenblick ehrlicher sind als ihr, meine Kinder, mit Sie an. Das hat mir nicht weh getan. Es hat mich amüsiert. Wir haben uns zu diesem Fest getroffen, meinetwegen, nicht weil wir uns lieben, sondern aus einem einzigen Grund: Weil meine Erinnerung euch alle umschließt. In meinem Kopf steckt ihr, wie ihr wart und wie ihr nicht mehr seid. Und jetzt ist das Fest zu Ende.

Sie standen betroffen, Peter bemerkte stokkend: So kannst du uns nicht gehen lassen, Mutter. Sie sah ihn, mit schief geneigtem Kopf, an: Dann komm eben bald einmal wieder.

Es schneite. Vor dem Hause verabschiedeten sie sich voneinander. Sie wünschte mechanisch allen eine gute Fahrt, gegen einen Schluckauf ankämpfend. Novotny half ihr in seinen Wagen. Achim setzte sich nach vorn, neben ihn. Sie war nicht müde, sie würde nicht schlafen können.

War es gut, Enkel?

Der Schluß war schon schlimm, Grummi.

Es war, Enkel, und der Schluckauf fuhr ihr zwischen die Silben, ein wirklich gelungenes Fest.

Die Autoren

MADISON SMARTT BELL, geboren 1957, wuchs auf einer Farm in Tennessee auf. Schon während des Studiums in Princeton und am Hollins College in Virginia begann er zu schreiben. Er lebt heute in Baltimore.
›Irene‹ wurde mit freundlicher Genehmigung der Liepman AG, Zürich, im Namen des Autors und der Agentur Curtis Brown/John Farquharson, und des Wilhelm Goldmann Verlags GmbH, München, aufgenommen. (Aus: M. S. B., ›Heute ist ein guter Tag zum Sterben‹, München 1989. Deutsch von Lutz-W. Wolff.)

HEIMITO VON DODERER, geboren am 5. September 1896 in Weidlingau bei Wien, gestorben am 23. Dezember 1966 in Wien, studierte Geschichtswissenschaft. 1930 erschien sein erster Roman, ›Das Geheimnis des Reichs‹.
›Divertimento No V‹ (1926) wurde mit freundlicher Genehmigung der C. H. Beck'schen Verlagsbuchhandlung (Oscar Beck), München, aufgenommen. (Aus: H. v. D., ›Die Erzählungen‹, München 1972.)

BARBARA FRISCHMUTH, geboren am 5. Juli 1941 in Altaussee, studierte Orientalistik und lebt heute als freie Schriftstellerin in Wien.
›Posaune im Ohr‹ wurde mit freundlicher Genehmigung des Aufbau Verlags, Berlin, aufgenommen. (Aus: B. F., ›Hexenherz. Erzählungen‹, Berlin 2007.)

Peter Härtling, geboren am 13. November 1933 in Chemnitz, besuchte im schwäbischen Nürtingen die Schule. Er arbeitete als Redakteur und Lektor, war von 1967 bis 1973 Cheflektor und Geschäftsführer des S. Fischer Verlags und lebt seither als freier Schriftsteller in der Nähe von Frankfurt.

›Der fünfundsechzigste Geburtstag‹ wurde mit freundlicher Genehmigung des Verlags Kiepenheuer & Witsch, Köln, aufgenommen. (Aus: P. H., Gesammelte Werke, Band 2. Herausgegeben von Klaus Sieblewski, Köln 1993.)

Marlen Haushofer, geboren am 11. April 1920 in Frauenstein/Oberösterreich, gestorben am 21. März 1970 in Wien, studierte Germanistik in Wien und Graz und lebte später in Steyr. 1968 erhielt sie den österreichischen Staatspreis für Literatur.

›Für eine vergeßliche Zwillingsschwester‹ (1956) wurde mit freundlicher Genehmigung des Claassen Verlags, in den Ullstein Buchverlagen, Berlin, aufgenommen. (Aus: M. H., ›Begegnung mit dem Fremden. Erzählungen‹, Berlin 1985.)

Franz Hohler wurde am 1. März 1943 in Biel geboren und lebt als Kabarettist und Schriftsteller in Zürich. 1988 erhielt er den Hans-Christian-Andersen-Preis.

›Die Fotografie‹ wurde mit freundlicher Genehmigung des Autors aufgenommen. (Aus: F. H., ›Der Rand von Ostermundigen. Geschichten‹, Darmstadt/Neuwied 1973.)

Hanna Johansen, geboren am 17. Juni 1939 in Bremen, studierte Altphilologie und Pädagogik in Marburg und

Göttingen, verbrachte zwei Jahre in den USA und lebt seit 1970 in der Schweiz.

›Puschkin singen‹ (1985) wurde mit freundlicher Genehmigung des Carl Hanser Verlags, München, aufgenommen. (Aus: H. J., ›Die Schöne am unteren Bildrand. Erzählungen‹, München/Wien 1990.)

MARIE LUISE KASCHNITZ, geboren am 31. Januar 1901 in Karlsruhe, gestorben am 10. Oktober 1974 in Rom, erhielt für ihr lyrisches, episches und essayistisches Gesamtwerk zahlreiche Auszeichnungen.

›Schmetterling auf meiner Hand‹ wurde mit freundlicher Genehmigung des Claassen Verlags, in den Ullstein Buchverlagen, Berlin, aufgenommen. (Aus: M. L. K., ›Engelsbrücke. Römische Betrachtungen‹, Berlin 1955.)

ROLAND KOCH, geboren 1959, lebt und arbeitet in Köln. Er erhielt 1992 das Rolf-Dieter-Brinkmann-Stipendium der Stadt Köln und den Förderpreis des Landes Nordrhein-Westfalen.

›Die schöne Bäckerin‹ wurde mit freundlicher Genehmigung des Autors aufgenommen. (Aus: R. K., ›Helle Nächte. Erzählungen‹, Köln 1995.)

SIEGFRIED LENZ, geboren 1926 in Lyck/Ostpreußen, war einer der bedeutendsten deutschen Nachkriegsautoren. Sein Werk wurde vielfach ausgezeichnet. Er starb 2014 in Hamburg.

›Ein geretteter Abend‹ wurde mit freundlicher Genehmigung des Hoffmann und Campe Verlags, Hamburg, aufgenommen. (Aus: S. L., ›Ludmilla. Erzählungen‹, Hamburg 1996.)

MARGRIET DE MOOR, geboren 1941, studierte in Den Haag Gesang und Klavier. Nach einer Karriere als Sängerin studierte sie in Amsterdam Kunstgeschichte und Architektur. Sie lebt in der Nähe von Amsterdam.
›Jennifer Winkelman‹ wurde mit freundlicher Genehmigung des Carl Hanser Verlags, München, aufgenommen. (Aus: M. d. M., ›Ich träume also. Erzählungen‹, München/Wien 1996. Deutsch von Helga van Beuningen.)

ISABELLA NADOLNY, geboren am 26. Mai 1917 in München, begann 1951 zu schreiben und lebte bis zu ihrem Tod am 31. Juli 2004 als freie Schriftstellerin und Übersetzerin am Chiemsee.
›Der schönste Tag‹ wurde mit freundlicher Genehmigung des Paul List Verlags, München, aufgenommen. (Aus: I. N., ›Der schönste Tag. Geschichten‹, München 1980.)

HERBERT ROSENDORFER, geboren 1934 in Bozen, war Jurist und Professor für bayerische Literatur. Er war Gerichtsassessor in Bayreuth, dann Staatsanwalt und ab 1967 Richter in München und Naumburg/Saale. Er starb 2012 in Eppan, Italien.
›Eine Begegnung im Park‹ (1971) wurde mit freundlicher Genehmigung des Nymphenburger Verlags in der F. A. Herbig Verlagsbuchhandlung GmbH, München, aufgenommen. (Aus: H. R., ›Ball bei Thod. Erzählungen‹, München 1980.)

CHRISTA WOLF, geboren 1929 in Landsberg/Warthe, studierte Germanistik in Jena und Leipzig, arbeitete als Verlagslektorin und gehörte zu den bedeutendsten Schriftstellerinnen der DDR. Sie starb 2011 in Berlin.

›Dienstag, der 27. September‹ (1960) wurde mit freundlicher Genehmigung des Suhrkamp Verlags, Berlin, aufgenommen. (Aus: C. W., Ein Tag im Jahr, 1960–2000, Frankfurt am Main 2008.)

Kurzweilige Geschichten für alle Lebenslagen
im <u>dtv</u> großdruck

Sommerglück
ISBN 978-3-423-**25353**-6

Eine richtig gute Zeit
ISBN 978-3-423-**25325**-3

Alle meine Lieben
ISBN 978-3-423-**25317**-8

Viele schöne Tage
ISBN 978-3-423-**25331**-4

Bitte besuchen Sie uns im Internet: www.dtv.de

Heitere Geschichten im dtv großdruck

Lach doch wieder!
Geschichten, Anekdoten, Gedichte und Witze
Hg. von Helga Dick und
Lutz-W. Wolff
ISBN 978-3-423-**25137**-2

Aufheiternde Geschichten von Axel Hacke, Ursula Haucke, Siegfried Lenz und vielen anderen.

Bleib gesund und fröhlich
Zusammengestellt von
Helga Dick und
Lutz-W. Wolff
ISBN 978-3-423-**25257**-7

Ein heiteres Lesebuch für alle Tage mit Geschichten und Gedichten von Heinrich Böll, Elke Heidenreich, Mascha Kaléko u.v.a.

Bitte besuchen Sie uns im Internet: www.dtv.de

Eva Berberich im <u>dtv</u> großdruck

»Diese Bücher machen glücklich!«
Flensburger Tageblatt

ISBN 978-3-423-**25187**-7

ISBN 978-3-423-**25232**-4

ISBN 978-3-423-**25316**-1

Heiter-hintersinnige Katzengeschichten aus der Feder von Eva Berberich – für alle Katzenfreunde und solche, die es noch werden wollen.

Bitte besuchen Sie uns im Internet: www.dtv.de

Rafik Schami im dtv großdruck

»Erzählen ist seine Leidenschaft – die orientalische
Tradition der Märchen und Geschichten, seine Kunst,
dem Alltag ein Quäntchen Zauber hinzuzufügen.«
ZDF aspekte

**Eine deutsche
Leidenschaft namens
Nudelsalat**
und andere seltsame
Geschichten
ISBN 978-3-423-**25349**-9
Unnachahmlich charmant erzählt Schami von
den Deutschen und
ihren »Eigenheiten«.

Märchen aus Malula
ISBN 978-3-423-**25372**-7
Rafik Schami gibt die
Märchen seiner syrischen Heimat wider.
Und erfüllt dabei die
deutsche Sprache mit
dem Zauber und der
Weisheit des Orients.

Auch als eBook!

Bitte besuchen Sie uns im Internet: www.dtv.de

Marie-Sabine Roger im dtv großdruck
Bücher für Herz und Seele!

Das Labyrinth der Wörter
Roman
ISBN 978-3-423-**25338**-3
Auch als eBook!

»Eine zarte Liebesgeschichte und eine Huldigung ans Lesen. Man möchte die Autorin dafür umarmen!« *Focus*

Der Poet der kleinen Dinge
Roman
ISBN 978-3-423-**25369**-7
Auch als eBook!

Ein bewegender Roman über Freundschaft und die Frage, wie ertrebenswert Normalität ist.

Das Leben ist ein listiger Kater
Roman
ISBN 978-3-423-**25376**-5
Auch als eBook!

Während der brummige Alte Jean-Pierre die Bilanz seines Lebens zieht, macht er Bekanntschaften und Erfahrungen, die ihn verändern.

Bitte besuchen Sie uns im Internet: www.dtv.de